全国广播电视新闻从业者调查报告

SURVEY ON THE BROADCASTING JOURNALISTS OF CHINA

丁迈　缑赫　董光宇　著

中国发展出版社
CHINA DEVELOPMENT PRESS

图书在版编目（CIP）数据

全国广播电视新闻从业者调查报告 / 丁迈，缑赫，董光宇著. 北京：中国发展出版社，2016.8

ISBN 978-7-5177-0509-3

Ⅰ. ①全… Ⅱ. ①丁… ②缑… ③董… Ⅲ. ①新闻工作者－人才培养－研究报告－中国 Ⅳ. ①G219.2

中国版本图书馆CIP数据核字（2016）第115873号

书　　名：全国广播电视新闻从业者调查报告
著作责任者：丁迈　缑赫　董光宇
出 版 发 行：中国发展出版社
（北京市西城区百万庄大街16号8层　100037）
标 准 书 号：ISBN 978-7-5177-0509-3
经　销　者：各地新华书店
印　刷　者：三河市东方印刷有限公司
开　　本：710mm × 1000mm　1/16
印　　张：12.5
字　　数：173千字
版　　次：2016年8月第1版
印　　次：2016年8月第1次印刷
定　　价：40.00 元

联 系 电 话：（010）88919581　68990692
购 书 热 线：（010）68990682　68990686
网 络 订 购：http://zgfzcbs. tmall. com//
网 购 电 话：（010）88333349　68990639
本 社 网 址：http://www.develpress. com. cn
电 子 邮 件：370118561@qq. com

序一

Sequence

从“新闻”一词首次以现代意义出现在人类语言中算起，今天，新闻业已伴随着人类社会走过了三个世纪。作为一个以信息传播为专职的行当，新闻业对于促进社会发展、凝聚社会共识产生了重要作用；这一行业所生产的“信息产品”，几乎已经成为日常生活的必需品，无形地镶嵌在人类的日常生活轨迹当中。

三百年，对于一个行业来说并不算长，但就行业本身的内涵变化来看，新闻业因其非物化的信息属性，经历的变革比绝大多数行业都要频繁且深刻。从公报到便士报，从广播电视新闻再至今日的互联网“新新闻”，每一次传播媒介的发展都意味着一次新闻业“新媒体”的嬗变。这意味着，求“新”的新闻业总是在与时间赛跑，要更早地发现线索、更快地了解事件、更迅速地传播讯息，也要比其他行业更敏锐地嗅探、采纳新技术。这给推动新闻业发展的新闻从业者们提出了严苛的要求，他们必须时刻在业务中尝试接纳和学习这些技术，以维持新闻“常新”。

广播电视新闻凭借其活跃的内容形态，一直是大众传媒中最为重要的组成部分；广播电视新闻从业者也因此成为大众传播过程中的关键一环。但在这个互联网的“连线时代”，公民生产与获取信息的成本不断降低，广播电视新闻从业者这个以信息为生的职业开始受到新的挑战——技术的变革带来了平台、渠道与业务流程的变化，报纸、广播电视与互联网媒体新闻业被重新置于新的起点，开始竞争；广播电视新闻从业者们曾经的采集信息工具逐渐出现在大众消费品的行列中，随之到来的“草根新闻”对从业者而言，既是压力，也是动力。广播电视这一曾经的“新媒体”，在这个“全媒体”甚至“融媒体”的时代处于何种状态、做出了怎样的改变，供职于广播电视机构的新闻从业者们如何调整姿态，坚持专业且负责任的新闻生产，恐怕是身处这一行业的从业者们所关心的问题。

在此，我很高兴地看到，新闻学界已开始行动，为广播电视新闻业的未来发展进行探索。中国传媒大学刘昶教授所主持的教育部人文社会科学重点研究基地重大项目——“中国广播电视新闻人才发展战略研究——以媒介融合为背景”应运而生，从多个方面对中国广播电视新闻的行业现状与教育模式进行了考量，其中，丁迈教授所负责的“全国广播电视新闻从业者调查”课题前后历时近两年，首次对国内广播电视新闻从业者现状进行了细致的考察，呈现了一幅完整且生动的中国广播电视新闻业生态图景。本书即是该课题的丰硕成果之一。

“全国广播电视新闻从业者调查”引入了国际通行的新闻从业者测量框架，对于推进“一带一路”战略背景下的传媒国际化发展和媒介比较研究有着相当大的参考价值。调查报告作为整个研究项目的重要阶段性成果，不仅对其他平行课题的推进起到了奠基性作用，更是国内后续广播电视新闻业研究的重要参考资料。整个调查涉及业内人士关心的众多议题，包括广播电视新闻从业者在媒介融合背景下的新闻采编思路变化、新媒体接触与采纳、技术影响等，对于广播电视机构人士了解行业现状、制定发展策略都有重要意义。

微波模拟发射塔的身形依然或隐或绰，互联网乃至“万物在线”的物联网时代却已扑面而来。当广播电视新闻从一种媒介形态的隐喻转而变成互联网声音图像的能指，从业者们在这一更广阔的信息平台上，也许会有更多未知的道路等待选择；但无疑，本书至少已为我们探索发展新路径的行动点亮了一盏指路灯。

祝燕南

国家新闻出版广电总局

广播影视发展研究中心主任

序二

Sequence

历史上，世界各国对新闻从业者实践活动的评价不尽相同，每每褒贬不一，或多或少映射了公众对新闻从业者群体的认知变异。换言之，人们对于这一群体社会地位的认定，经历了时间的洗礼。

作为新闻传播的主体，新闻从业者及其社会角色、功能价值、职业素养等诸多方面的认知，一直是学术界关注的重点，海外的相关研究已经取得了较为充分的成果。例如，在欧洲，针对新闻从业者展开的系统的并具规模的社会调查，自第二次世界大战后开始延续至今。而在中国（大陆），以新闻从业者为研究对象的实证研究则在20世纪80年代后期开始增多，进入新世纪之后，我国关乎新闻从业者社会身份的学术观照无论是数量，还是研究的范畴，均有明显的改观，相应的成果不仅令人鼓舞，也为这一领域的学术进步做出了有益的经验积累。

而今，全球的传媒生态发生了深刻的变革，新闻从业者的群体属性亦随之发生变化，其角色定位已然从先前纯粹的消息采编者、发布者，逐渐演化为社会生活的直接介入者和公共利益的守望者，并日益成为国家议程建构与社会发展进步中不可或缺的行为主体。处在新时代、新语境、新常态的新闻从业者，遭遇的政治、技术和商业三重压力超过以往任何时期，新兴媒体日新月异的发展、特别是媒体融合的趋势，更是极大地冲击并挑战新闻从业者。

重新审视和探究新闻从业者群体的社会关系、规范体系、价值观及其占据的社会空间、对社会资本的开发利用，尤其是在当今社会生活中发挥的作用等，对于新闻学界和业界而言，无疑都具有十分重要的现实意义。

正在经历社会重大转型的中国（大陆），社会各利益方的矛盾与冲突在新闻媒体中更为显现，在经济全球化、传播全球化的当下，中国新闻从业者群体一如社会其他群体，面临着多元价值、竞合机制、社会关系互动以及信息与传播技术更迭等全方位挑战。以中国广播电视新闻从业者为例，其传统角色正面临着社会经济文化、职业发展走向和个人职业技能等各个层面的转型，因而自然成为新闻学界持续览究的群体。新闻从业者的主体性如何契合社会发展暨社会结构转型、社会关系变化，成为考察现今中国新闻从业者群体特征的一个重要维度。

在上述背景下，中国传媒大学新闻学院承接了教育部人文社会科学重点研究基地重大项目“中国广播电视新闻人才发展战略研究——以媒介融合为背景”，读者面前的这份分析报告，正是这项重大科研课题的基础性子课题——“全国广播电视新闻从业者调查”的成果。

本次调研既属中国（大陆）首次进行的全国范围内的大规模广播电视新闻从业者调查，而且也契合了国际新闻学界关于从业者研究的思路，堪称全球本土化的一次学术尝试。

在传媒调查领域颇有建树的丁迈教授的率领下，这一子课题团队认真讨论、设计了相关调查问卷，并比照国际经验，最终确定了抽样方案：以经济发展水平和广播电视市场状况等指标为依据，划分抽样区域，抽取了包括省、市和地市级别的各级广播电视媒体，力图使样本具有全国性、多层次的代表性。2015年4月开始，课题组调查员奔赴不同地区、不同媒体，发放并回收问卷，并完成了数据的录入、清洗、分析及研究报告的写作。

作为支撑整个科研项目的基础性资料，丁迈教授及其团队的这一研究成果涵盖了当前中国广播电视新闻从业者的群体构成、职业分工、职业道德、社会角色、职业满意度、职业压力、社会流动和文化消费等方面的内容，真实描绘了当前我国广播电视新闻从业者的整体轮廓，这不仅有助于理解和把握当下融媒趋势下的广播电视新闻从业者的群体特征，也为整个行业生态发展思路提供了精准而有利的数据支持。

基于国家新闻人才培养的顶层设计，媒体竞争的关键在于人才竞争。

这份调研报告完全可以成为加快我国新闻舆论队伍建设所急需的、切合实际的新闻人才培养方案之学理性依据，或许这也可以视作高校发挥智库作用的某种努力。

是为序。

刘昶

中国传媒大学教授、博士生导师

兼新闻学院院长

教育部基地重大项目

《中国广播电视新闻人才发展战略

*——以媒介融合为背景》*课题组 组长

目　录
CONTENTS

第五章 中国广电新闻从业者从业现状

第六章 中国广电新闻从业者的职业理想与职业素养

第一章
研究背景

马克思主义唯物史观认为，人是生产力中最活跃的因素，是最具有决定性的力量。我国新闻媒体肩负着传播社会主义核心价值体系的历史使命，党和国家领导人对新闻传播人才一直寄予殷切期望。

2016年2月19日，习近平总书记在党的新闻舆论工作座谈会上发表重要讲话。强调媒体竞争的关键是人才竞争，媒体优势核心是人才优势。要加快培养造就一支政治坚定、业务精湛、作风优良、党和人民放心的新闻舆论工作队伍。总书记对新闻舆论工作者提出要求，要增强政治家办报意识，在围绕中心、服务大局中找准坐标定位，牢记社会责任，不断解决好“为了谁、依靠谁、我是谁”这个根本问题。要提高业务能力，勤学习、多锻炼，努力成为全媒型、专家型人才。要转作风改文风，俯下身、沉下心，察实情、说实话、动真情，努力推出有思想、有温度、有品质的作品。要严格要求自己，加强道德修养，保持一身正气。要深化新闻单位干部人事制度改革，对新闻舆论工作者在政治上充分信任、工作上大胆使用、生活上真诚关心、待遇上及时保障。

当前，媒介融合是传播全球化时代的重要特征和媒体发展的必然趋势。媒介融合背景下的传播呈现出诸多新特点，如传播平台的多样化，新闻从业者除传统的公共发布渠道外，还掌握着博客、微博、微信等具有个人化特点的社交平台；又如身份的双重性，活跃在社交平台上的新闻从业者既可被视为脱离组织之外的普通个体，也可被视为其所依托的新闻机构中的一员；再如传受角色的模糊化，除具有职业素养的专业新闻从业者之外，涌现出大量非专业的公民记者；等等。这些新特点使得当下我国新闻队伍的建设和管理更加复杂，既带来机遇，更提出挑战。

与现实迫切需求不相符的，是我国新闻从业人员相关研究的不足与滞后。虽然新闻从业者是新闻传播的主体，是新闻信息的加工制造者，却没能成为新闻学研究的主角，属相关学术领域的“灯下黑”地带。现有的少数研究或从历史角度进行个体梳理和理论推演，或在小范围调查的基础上匆匆做出结论。以科学方法为基础、以全国为范围、以媒介融合或新兴媒体发展为背景，对新闻从业者的生存状态、思想认知、伦理道德、法制意识、管理方式等方面做出全面研究的成果尚未出现。

本课题之所以选择广播电视作为学术切入点，探讨新闻人才发展战略，是基于如下思路。其一，较之报刊业面临危机的境遇，中国广电媒体虽受压力，但仍然表现出强劲的稳定性。国家新闻出版广电总局的相关数据显示，截至2012年年底，全国广播人口综合覆盖率为97.5%，全国电视人口综合覆盖率为98.2%，年度总收入首次突破3000亿元。《2012转型期中国传媒公信力报告》（北京师范大学传播效果实验室）亦表明，虽然新媒体公信力上升明显，但电视、报纸仍具有优势；其二，相对于其他媒体，广播电视媒体的新闻从业者的社会知名度更高，对舆论的影响力更强。

作为教育部人文社会科学重点研究基地重大项目“中国广播电视新闻人才发展战略研究——以媒介融合为背景”的第一个子课题，“全国广播电视新闻从业者调查”在了解广播电视新闻人才在性别、年龄、收入、教育背景等方面基本信息的基础上，深入探究从业者当前的工作流动性、职业意识、职业压力、伦理道德、生活水平和生活方式等现实状况，以期在新的媒体生态环境中界定广电新闻从业者的新身份，开展相关研究，为其他子课题提供基础性资料。例如，如何协调其信息发布时的职业行为和个人行为，如何提高其思想水平、专业素养、伦理道德和法律意识，充分调动其工作热情与积极性等，从而保证我国舆论安全和话语主导权不旁落他家。

第二章
研究方法

课题采用定量研究方法，以经济发展水平、广电机构从业人数、媒体创收收入等指标对全国31个省、市、自治区（不含港、澳、台）进行聚类分层，并在不同层级地区间进行PPS抽样，从而确定区域媒体。

调研以自陈问卷为工具，课题组成员赴各省市，将问卷交予各媒体新闻部门的主要负责人（包括中心主任、总编、台领导等），新闻从业者在完成问卷的填答后，再由广电机构专人回收交由课题组成员带回或直接邮寄。平均每个机构的填答时间为3个工作日至两周不等。调查时间为2015年4月至2015年7月。

本次调查在全国范围内随机抽取8个省级地区，对当地广播电视机构发放问卷合计1220份，预期精度达到置信度95%，最大误差不超过3%。

一、抽样设计

本次抽样针对国内广播电视播出机构，样本分为国家级、省级（直辖市级）、地级市共三级。其中省级区划的抽取使用相关的统计指标，聚类分层后进行PPS抽取；地市级采用连带法，在抽取到的省级地区中随机抽取一个地级市。

由于各地区广播电视新闻事业发展水平并不一致，因此第一步使用相关统计指标对31个地区进行聚类。其中，直辖市在经济和广播电视新闻事业发展上与其他省、自治区差别较大，为避免对聚类结果产生干扰，将直辖市单独归类，不参与聚类。

经过筛选，使用5个指标对目标地区进行聚类，指标基本可以描绘对应地区的广播电视新闻业发展状况，数据情况及来源见下表。

表1　　聚类指标一览

指标	时间区间	来源
地区生产总值（GDP）	2012～2014三年平均	国家统计局
广播电视机构从业人员数目	2014年	广电蓝皮书（2014）
广播电视机构创收收入	2014年	广电蓝皮书（2014）
广播电视机构编辑记者人数	2014年	广电蓝皮书（2014）
广播电视机构资产总额	2014年	广电蓝皮书（2014）

聚类后，省份被分为三类，计入不参与聚类的直辖市，共为四类。

表2　　聚类结果一览

分类	第一类	第二类	第三类	没有参与聚类
类目	河北省 浙江省 河南省 湖北省 湖南省 四川省	山西省 内蒙古自治区 辽宁省 吉林省 黑龙江省 安徽省 福建省 江西省 广西壮族自治区 海南省 贵州省 云南省 西藏自治区 陕西省 甘肃省 青海省 宁夏回族自治区 新疆维吾尔自治区	江苏省 山东省 广东省	北京市 天津市 上海市 重庆市
计数	6	18	3	4
占比	19.35%	58.06%	10.00%	12.90%

三类城市各指标均值差异见下表，各组间统计量的差异在统计上具有显著性。

表3　　聚类结果间差异一览

	平均相对较高	平均相对居中	平均相对较低
地区生产总值（GDP）	第三类	第一类	第二类
广播电视机构从业人员数目	第三类	第一类	第二类
广播电视机构创收收入	第三类	第一类	第二类
广播电视机构编辑记者人数	第三类	第一类	第二类
广播电视机构资产总额	第三类	第一类	第二类

预计抽取的省份为8个，通过各个省份数量占比进行计算，最终预计各层入样数目见下表。

表4　　聚类及抽样结果

分类	第一类	第二类	第三类	第四类
预计抽样数目	2个	4个	1个	1个
入样区域	浙江省 四川省	福建省 陕西省 贵州省 黑龙江省	江苏省	北京市

根据聚类结果，本次调查将抽取以下广播电视机构，发放问卷1220份，符合抽样精度要求，具体抽样结果如下。

国家级：中央电视台、中央人民广播电台、中国国际广播电台，预计180（60×3）个样本；

省级广播电视机构：北京、江苏、浙江、四川、福建、陕西、贵州、黑龙江，预计480（60×8）个样本；

市级广播电视机构（省会）：南京、杭州、成都、福州、西安、贵阳、哈尔滨，预计350（50×7）个样本；

地市级广播电视机构：无锡、湖州、绵阳、泉州、咸阳、遵义、大庆，预计210（30×7）个样本。

二、问卷设计

该问卷在全球记者调查问卷的基础上进行本土化的修改。全球记者调查问卷主要包括新闻从业人员的基础信息、职业现状、新闻伦理、影响新闻过程的因素等方面。在此基础上，参考中国大陆新闻传播学界在新闻从业者研究方面的成果，在该问卷中添入新闻从业者的个人文化行为、网络行为等方面内容。

最终问卷主要包括职业现状部分、新闻伦理部分、个人文化行为部分和个人信息部分。职业现状部分包括被访者职位、工作强度、新闻来源、对新闻价值的评价、影响工作的主客观因素、职业满意度、职业压力以及近年来新闻从业者及新闻报道的变化；个人文化行为包括上网行为、业余生活及阅读行为等；个人信息部分包括从业年龄、民族、性别、职称、学历、学科背景、收入、父母职业和婚姻状况等。

三、分析方法

数据分析主要以 SPSS 22.0 为工具，分析方法包括频数分析、均值计算、卡方检验、独立样本t检验、配对样本t检验、方差分析、相关分析和因子分析等。其中，量表类题目采用因子分析提取主成分。

四、加权说明

调查实际共发出问卷1474份，回收有效问卷1170份，有效样本分布如下。

表5 **样本分布-省份与级别**

国家级 省级（直辖市）			该份问卷所属的播出机构行政级别				总计
			国家级	省级（直辖市）	省会台	地级市台	
来源省份	北京	计数	208	88	0	0	296
		百分比	70.3%	29.7%	0.0%	0.0%	100.0%
	福建	计数	0	35	45	41	121
		百分比	0.0%	28.9%	37.2%	33.9%	100.0%
	贵州	计数	0	58	0	42	100
		百分比	0.0%	58.0%	0.0%	42.0%	100.0%
	黑龙江	计数	0	78	55	0	133
		百分比	0.0%	58.6%	41.4%	0.0%	100.0%
	江苏	计数	0	32	36	36	104
		百分比	0.0%	30.8%	34.6%	34.6%	100.0%
	陕西	计数	0	45	51	25	121
		百分比	0.0%	37.2%	42.1%	20.7%	100.0%
	四川	计数	0	58	58	30	146
		百分比	0.0%	39.7%	39.7%	20.5%	100.0%
	浙江	计数	0	104	0	45	149
		百分比	0.0%	69.8%	0.0%	30.2%	100.0%
总计		计数	208	498	245	219	1170
		百分比	17.8%	42.6%	20.9%	18.7%	100.0%

表6 **样本分布2-聚类分布与级别**

			该份问卷所属的播出机构行政级别				总计
			国家级	省级（直辖市）	省会台	地级市台	
四类地区	中央	计数	208	0	0	0	208
		行百分比	100.0%	0.0%	0.0%	0.0%	100.0%
		列百分比	100.0%	0.0%	0.0%	0.0%	17.8%
	第一类地区（浙、川）	计数	0	162	58	75	295
		行百分比	0.0%	54.9%	19.7%	25.4%	100.0%
		列百分比	0.0%	32.5%	23.7%	34.2%	25.2%

续表

			该份问卷所属的播出机构行政级别？				总计
			国家级	省级（直辖市）	省会台	地级市台	
四类地区	第二类地区（闽、陕、贵、黑）	计数	0	216	151	108	475
		行百分比	0.0%	45.5%	31.8%	22.7%	100.0%
		列百分比	0.0%	43.4%	61.6%	49.3%	40.6%
	第三类地区（苏）	计数	0	32	36	36	104
		行百分比	0.0%	30.8%	34.6%	34.6%	100.0%
		列百分比	0.0%	6.4%	14.7%	16.4%	8.9%
	第四类地区（京）	计数	0	88	0	0	88
		行百分比	0.0%	100.0%	0.0%	0.0%	100.0%
		列百分比	0.0%	17.7%	0.0%	0.0%	7.5%
总计		计数	208	498	245	219	1170
		行百分比	17.8%	42.6%	20.9%	18.7%	100.0%
		列百分比	100.0%	100.0%	100.0%	100.0%	100.0%

可以看到，由于不可控制的原因，最终样本的收集情况与抽样设计中的预期并不完全一致。为了保证问卷分析后结果的代表性，我们将样本进行了加权处理，对其总体结构进行调整。

在抽样设计阶段，已依据广播电视机构所在地区以及广播电视行政级别两个标准，对各层级样本数量进行了限定，因此，加权主要使用这两个指标进行操作。

第一步，对所在地省份进行加权。

按照抽样设计，以广播电视编辑记者人数为标准，可以得到如下加权结果（w1）。

表7　　比例依据1

		编辑记者人数	期望比例	实际比例	权重
1	北京市	5642	13.45%	9.15%	1.47
2	福建省	3729	8.89%	12.58%	0.71
3	贵州省	3061	7.30%	10.40%	0.70

续表

		编辑记者人数	期望比例	实际比例	权重
4	黑龙江省	4591	10.94%	13.83%	0.79
5	江苏省	8263	19.70%	10.81%	1.82
6	陕西省	4079	9.72%	12.58%	0.77
7	四川省	5017	11.96%	15.18%	0.79
8	浙江省	7566	18.04%	15.49%	1.16
合计		41948	1	100.00%	

第二步，针对广播电视机构行政级别进行加权，得到权重（w2）。

表8　　　　比例依据2

	实际频次	抽样设计期望	期望比例	实际比例	权重
省	498	480	46.15%	51.77%	0.89
省会	245	350	33.65%	25.47%	1.32
地级市	219	210	20.19%	22.77%	0.89
合计	962	1040			

使用权重w1、w2对除国家级媒体以外的其他媒体进行加权。可以看到，加权之后的样本结构更加符合抽样设计的样本结构，二者在分布上没有显著的统计差异（$p>0.05$）。

表9　　　　加权结果1-地区间差异与卡方分析

		频率	百分比	有效百分比	累积百分比	期望百分比	期望频次	期望差距
有效	北京	115	12.1	12.1	12.1	0.13	128.29	1.30
	福建	90	9.4	9.4	21.5	0.09	84.79	0.29
	贵州	62	6.5	6.5	28.1	0.07	69.60	0.74
	黑龙江	113	11.8	11.8	39.9	0.11	104.40	0.64
	江苏	197	20.6	20.6	60.5	0.20	187.89	0.43
	陕西	100	10.5	10.5	71.0	0.10	92.75	0.61
	四川	122	12.8	12.8	83.8	0.12	114.08	0.57
	浙江	154	16.2	16.2	100.0	0.18	172.04	1.80
总计		954	100.0	100.0			卡方（df=7）	6.37

表10　　加权结果2-行政级别差异与卡方分析

		频率	百分比	有效百分比	累积百分比	期望百分比	期望频次	期望差距
有效	省级（直辖市）	460	48.3	48.3	48.3	50	440.2	0.89
	省会台	299	31.3	31.3	79.6	30	321.0	1.50
	地级市台	195	20.4	20.4	100.0	20	192.6	0.03
总计		954	100.0	100.0			卡方（df=2）	2.43

第三步，对国家级样本进行加权。

调查共获得了来自国家级广播电视机构的208份问卷，约占总体样本的17.78%，略高于期望比例（14.75%）。依此可在之前加权的基础上对国家、非国家媒体样本进行加权，并进行样本量修正。最终修正结果如下。

表11　　加权结果3-总体分布与卡方分析

		频率	百分比	有效百分比	累积百分比	期望百分比	期望频次	期望差距
有效	国家级	173	14.8	14.8	14.8	10	172.6	0.00
	省级（直辖市）	481	41.2	41.2	55.9	40	460.3	0.97
	省会台	312	26.7	26.7	82.6	30	335.6	1.6
	地级市台	203	17.4	17.4	100.0	20	201.4	0.02
总计		1170	100.0	100.0			卡方（df=3）	2.61

最终的加权结果与预期结果没有显著统计的差异。需要注意的是，下文提及的数据均为加权后计算获得。

第三章
中国广电新闻从业者的构成

参与本次调查的被访者男女比例相当，年龄主要集中在26～35岁。其中，记者与编辑的比例占7成，以记者为主体（4成以上）；被访者平均从业年龄为10年，职称以初级、中级为主。

一、性别构成

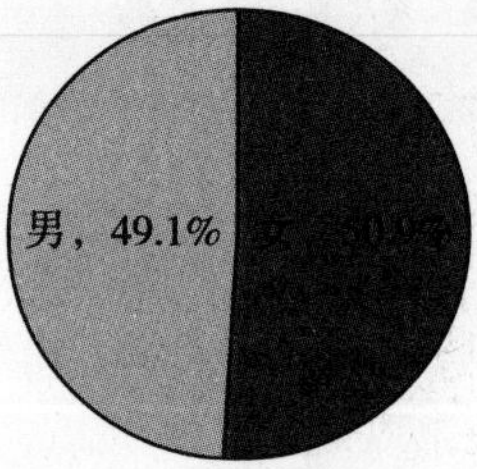

图1　被访者性别分布

参与此次调研的新闻从业者男女比例基本相当，女性为589人（50.9%），男性为569人（49.1%），女性略多于男性，但总体较为平衡。可见，当前的新闻从业者队伍具有良好稳固的性别结构，女性与男性同样在各个新闻岗位上发挥作用。

如图2所示，各个职位上的男女分布相对均匀，个别岗位呈现差异，编辑岗位的女性（33.3%）是男性（17.0%）的近两倍。而在一些特殊职位上，女性仍然难以承担男性工作者的任务，表现较为明显的是摄像。本次调研中共56名摄像，仅1名女性。

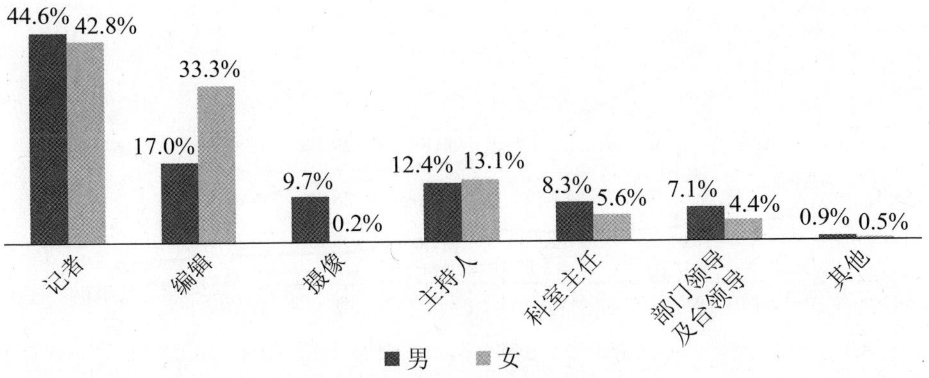

图2　不同职位上的性别分布

二、年龄构成

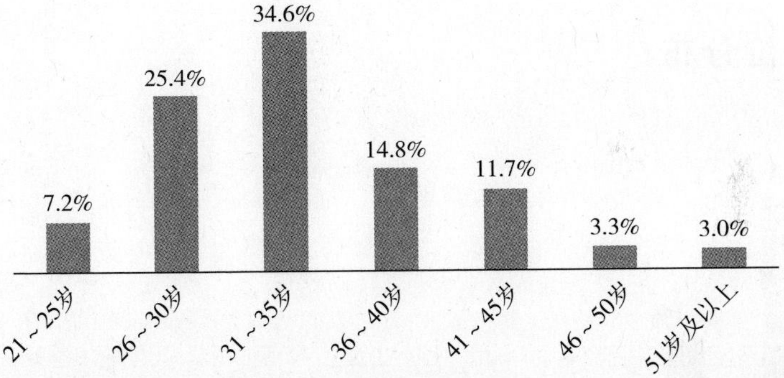

图3　被访者年龄分布

参与此次调研的新闻从业者总体相对年轻，40岁及以下人员占到82%。其中，31～35岁人员在所有年龄段中比例最高，达到34.6%，其次为26～35岁，占比达到25.4%，而以46岁以上人群为最少，占比仅为6.3%，反映了当前新闻从业队伍的年轻化现状。当然，这也可能是调查对象主要集中在记者职位所决定的。

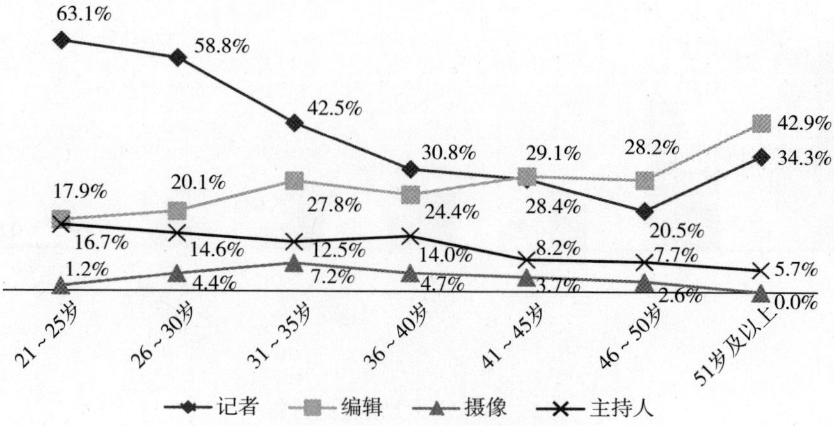

图4 不同职位上的年龄分布

如图4所示，记者队伍主要由35岁以下的年轻人构成。随着年龄的增长，从事记者岗位的人数减少，而编辑岗位的人数却有相应的增长。

三、职位分布

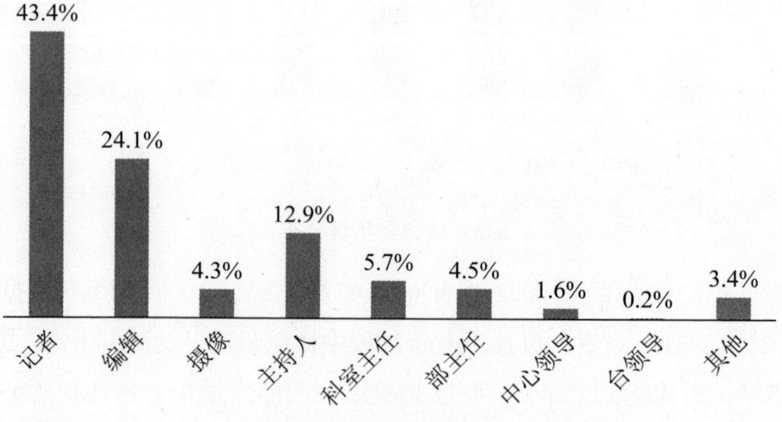

图5 被访者职位分布

如图5所示，被访者的职位主要集中在记者、编辑和主持人三大部分。其中记者数量占总人数的近一半（44.1%），编辑次之（25.1%），主持人再次之（12.7%），三个职位合计占八成左右。台领导、部门领导、科室主任和摄像等职位人数较少。

四、职称分布

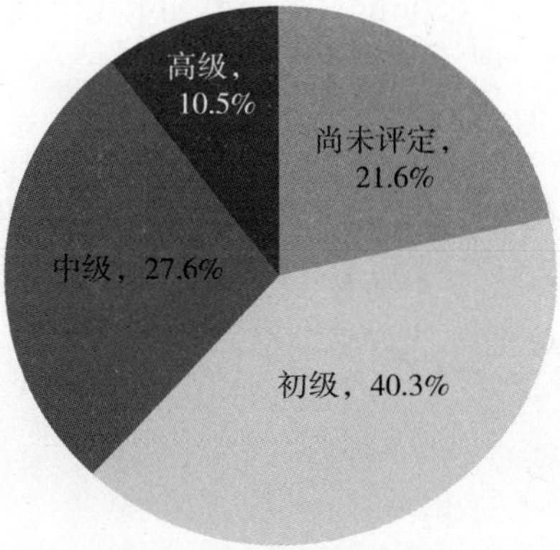

图6　被访者职称分布

参与调查的新闻从业者中，拥有初级职称的占比最多，为40.3%，这主要与被访者的年龄层次有关（r=0.514,p=0.000）。拥有中级职称的其次，占比27.6%，尚未评定职称的有21.6%，高级职称的占比最少，占10.5%。

五、从业年龄

表12　被访者从事新闻工作年龄均值

	N	极小值	极大值	均值	标准差
从业年龄	1149	1	40	10.58	6.659

在参与此次调研的新闻从业者中，从业年龄最小的仅1年，最大的达到40年，所有被访者的平均从业年龄为10.58年。

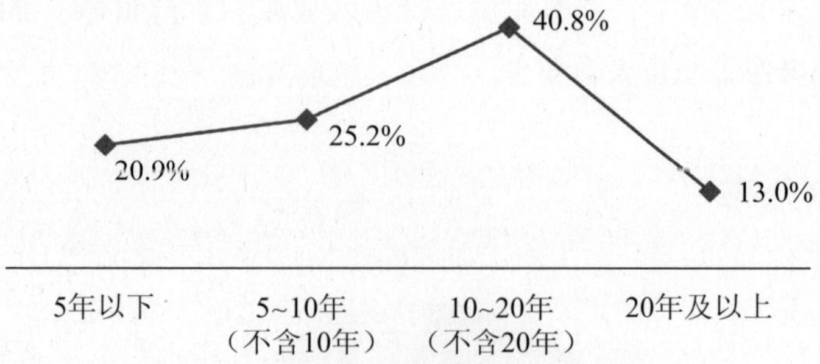

图7　被访者从事新闻工作年龄分布

其中，从业年龄在10～20年（不含20年）的比例最高，达到40.8%，20年及以上比例最低；从业年龄在5年以上的占全部样本的79.1%，说明本次调研的参与者都具有较长时间的从业经验。

第四章

中国广电新闻从业者背景分析

参与本次调查的新闻从业者以本科学历为主（近八成），其中，新闻传播专业出身的占一半以上。被访者中已婚人士近七成，单身者以26~35岁为主。被访者父母的职业集中于专业技术人员和国家机关、党群组织、企业、事业单位负责人等，从事新闻行业的极少。

一、受教育程度

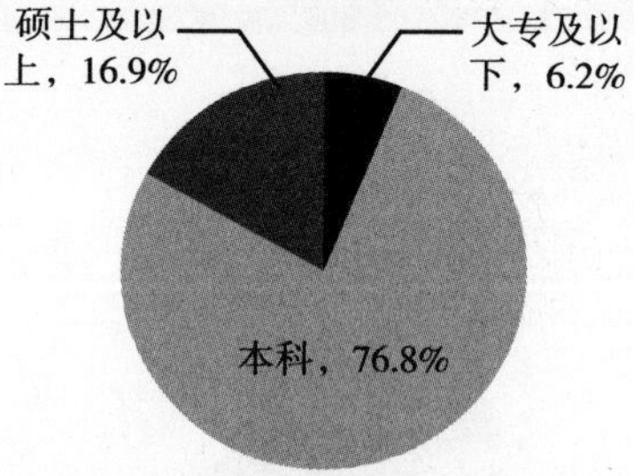

图8　被访者学历分布

如图所示，当前我国广电新闻从业者的受教育程度以本科为主，占比近八成（76.8%），其次为硕士及以上，占比16.9%，大专及以下的比例不足一成，说明大部分广电新闻从业者都具备良好的教育背景。

二、学科背景构成

在所有被访者中，新闻传播学专业出身的从业者占比达到51.7%，超过总人数的一半。可见，新闻传播学教育为广电新闻行业输出了大量人才。尽管如此，广电领域新闻从业者的学科构成也极为多样。值得注意的是，文学（18.1%）、艺术学（11.6%）、经济学（11.1%）、外语（8.5%）和理工学科（7.0%）五类学科占比相对其他学科也较高。一些被访者具有两个甚至两个以上的学科背景，该题目作为多选题，因此各个百分比加总的结果大于100.0%。

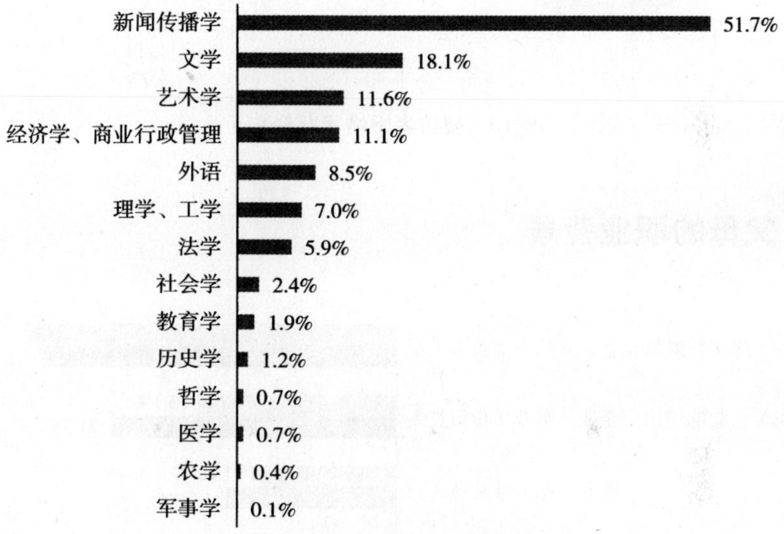

图9　被访者学科背景分布

三、婚姻状况

被访者中，已婚人士占比最多，达68.2%，单身人士其次，占比28.6%，离异人士和其他类占比极低。其中，单身人群的年龄主要在35岁以下，集中于26～30岁的阶段，且男女比例相当，女性（53.7%）略多于男性（44.9%）。

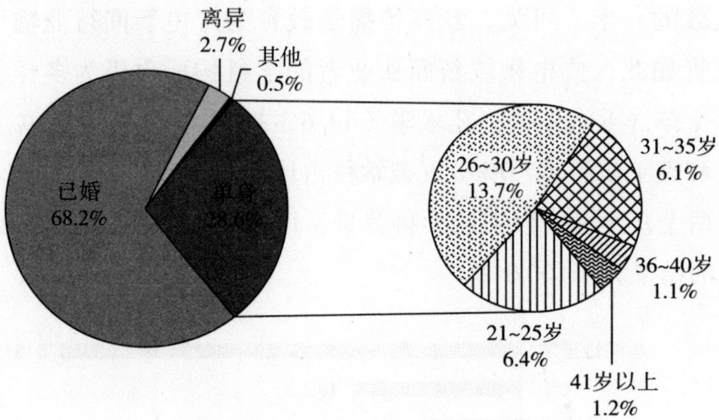

图10　被访者婚姻状况分布

四、父母的职业背景

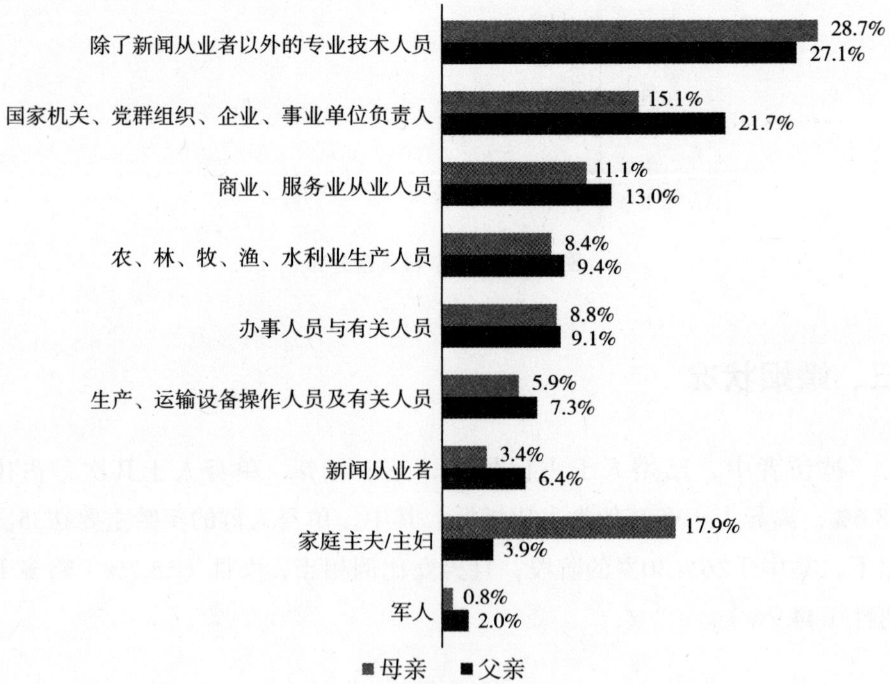

图11　被访者父母职业分布

如图11所示，新闻从业者的父母职业主要集中于“除了新闻从业者以外的专业技术人员”和“国家机关、党群组织、企业、事业单位负责人”等。此外，母亲作为“家庭主妇”也占据较大比例，达到17.9%。相比之下，父母从事新闻工作的被访者很少，其中父亲为新闻从业者的仅占6.4%、母亲为3.4%。

第五章
中国广电新闻从业者从业现状

1. 持证情况：超过七成被访者持有记者证，年龄、职称、学历越高，持证比例越高，有新闻传播学背景的从业者持有记者证的比例更高。

2. 报道职责：近一半从业者主要负责综合性报道，专门报道某一专题的比例超过三分之一，其中，负责民生新闻专题报道的比例最高。

3. 工作强度：广播电视新闻从业者的工作时长总体高于国家劳动法规定的周工作时长，摄像、记者、部门领导及台领导工作时间最长。相比国家级媒体和省会台，省级台和地级市台工作时间更长。

4. 职业流动：广电新闻行业职业流动性较低，超七成从业者从未更换过工作单位。

5. 职业压力：新兴媒体发展带来的冲击及因此带来的对职业前景的担忧，是从业者压力的主要来源。

6. 职业满意度：被访者对职业回报和自身工作时间比较不满意，对自身工作环境和职业成就、社会影响等方面较为满意。

7. 收入差异：收入与年龄、职称、学历和媒体级别呈正相关，北京、江苏、浙江等经济发达地区收入相对较高，而科室主任、部门领导及台领导和主持人收入也相对较高。

一、记者证的持有情况

参与此次调研的新闻从业者中共有1154人回答了该问题。其中，有73.5%的人持有国家新闻出版广电总局颁发的记者证，26.5%并未持有记者证。无论媒体所在地域如何，几乎所有被访机构都存在从业者没有记者证的情况。

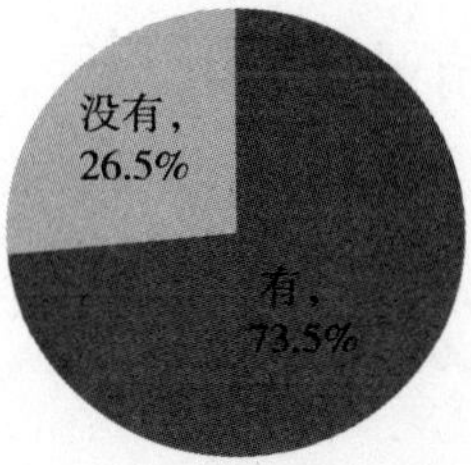

图12　被访者持证情况分布

交叉分析显示，被访者是否持有国家新闻出版广电总局颁发的记者证，在年龄、职位、职称、地区、学历、专业背景等因素上存在显著性差异，而与性别、媒体级别等因素并不存在统计上的显著差异。

1. 职位与记者证拥有情况

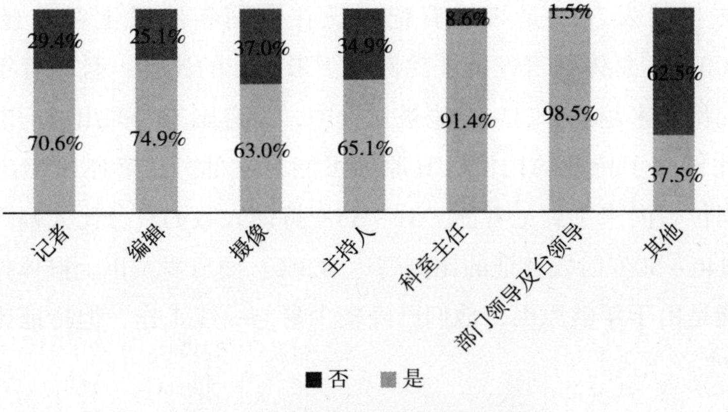

图13　被访者职位与持证情况分布

卡方检验发现，是否持有记者证在不同职位类别上存在显著差异（p=0.000）。上图显示了不同职位被访者拥有记者证的人数百分比，在所有职位类别中，拥有记者证的人数都高于没有记者证的人数。其中，科室主任和部门领导及台领导拥有记者证的比例远高出其他职位，而位于新闻一线的记者和摄像的比例相较之下略低，这主要是由不少行业新人处在这两个岗位而尚未拿到记者证造成的。

2. 年龄与记者证拥有情况

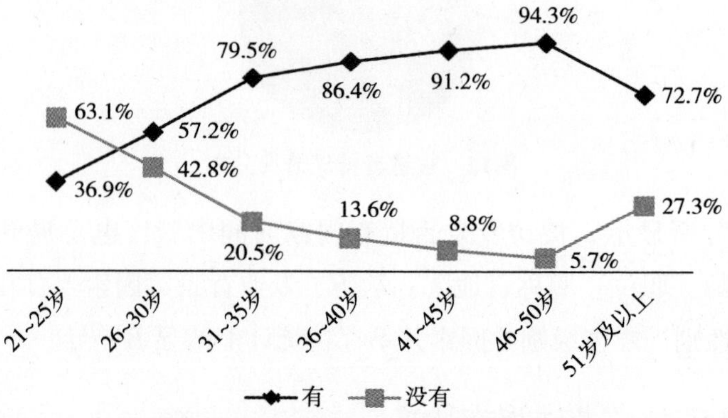

图14　被访者年龄与持证情况分布

卡方检验发现，是否持有记者证在不同年龄段上存在显著差异（p=0.000）。总体而言，持证比例高于未持证的比例，且随着年龄的增长持证比例越来越高。21～25岁被访者中，没有国家新闻出版广电总局记者证的比例高于持证的比例，其原因可能是这部分记者刚刚走出校门进入采编岗位，尚未拿到记者证。31～35岁持证人数的百分比大幅跃升至近80%，到46～50岁阶段持证的比例高达94.3%。而51岁及以上群体持证比例下降可能是由于年龄原因，他们已经较少参与一线工作，但持证比例依然达到72.7%。

3. 职称与记者证拥有情况

国家新闻出版广电总局颁发的记者证与职称评定是两个相对独立的考核体系。卡方检验发现，不同职称的被访者在是否持有记者证上存在显著差异（p=0.000）。在尚未评定职称的被访者中，没有记者证的人数超过了有记者证的人数。在有职称的人群中，有记者证的人数都多于没有记者证的，且职称越高持有记者证的比例越大，其中具有高级职称的被访者基本都持有记者证。

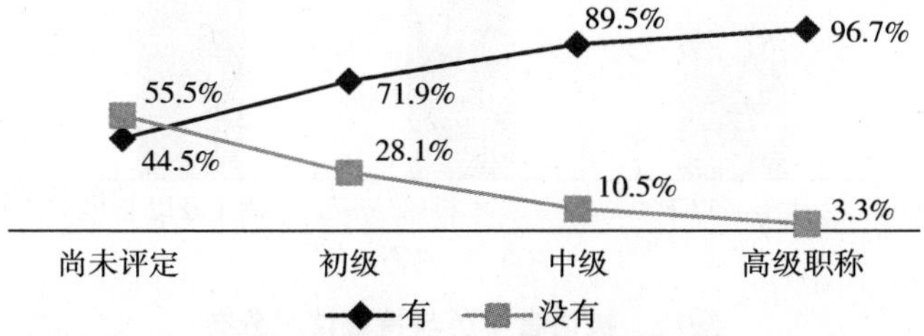

图15　被访者职称与持证情况分布

4. 地区与记者证拥有情况

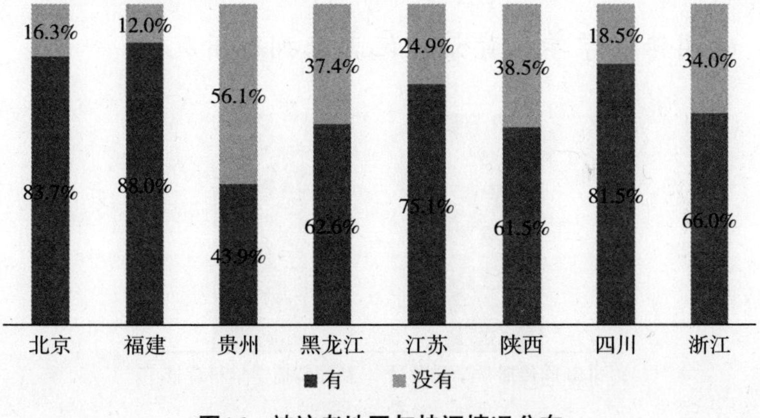

图16　被访者地区与持证情况分布

卡方检验发现，不同地区的被访者在是否持有记者证上存在显著差异（p=0.000）。绝大部分地区记者拥有记者证的比例均大幅高于没有记者证的比例，其中北京、福建、四川三地的持证比例高于80%，江苏为75.1%，浙江、黑龙江、陕西的比例在六成以上，但贵州的持证比例较低，不足总体的一半。

5. 学历与记者证拥有情况

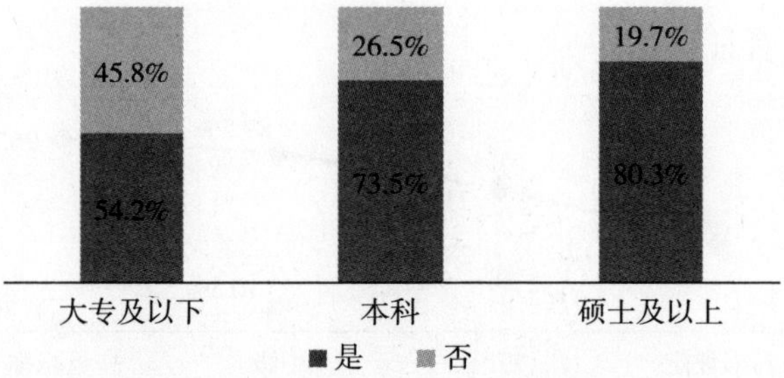

图17　被访者学历与持证情况分布

卡方检验发现，不同学历的被访者在是否持有记者证上存在显著差异（p=0.000）。学历越高，拥有记者证的比例越高，其中硕士及以上学历的被访者拥有记者证的比例超过80%。

6. 新闻传播学学科背景与记者证拥有情况

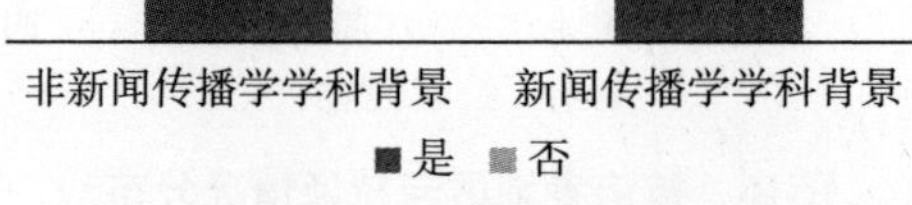

图18　被访者学科背景与持证情况分布

卡方检验发现，是否具有新闻传播学学科背景的被访者在是否持有记者证上存在显著差异（p=0.000）。数据显示，具有新闻传播学学科背景的被访者拥有记者证的比例略高于非新闻传播学学科背景的被访者。推测有新闻传播学学科背景的受访者可能更多地从事一线采编的工作，因此持有记者证的比例也略高。

二、主要的报道职责

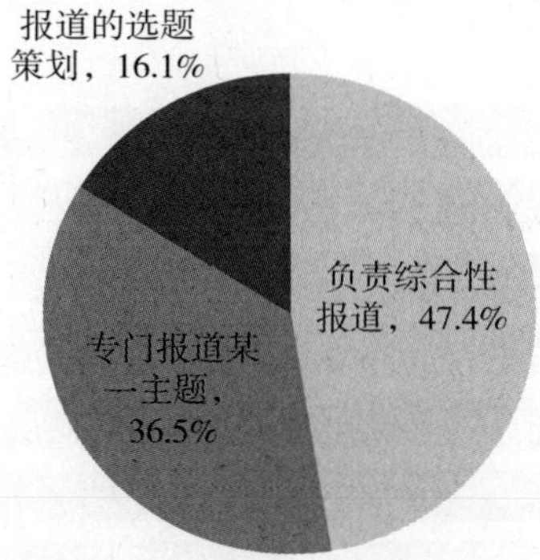

图19　被访者工作职责分布

参与此次调研的新闻从业者当中，共有1044人回答了报道职责的问题。其中，负责综合性报道的人占到总人数的近一半（47.4%），其次是负责专门报道某一主题的（36.5%），负责选题策划的比例为16.1%。

图20　被访者报道主题分布

选择“专门报道某一主题”的新闻从业者中共有393人回答了具体报道主题的问题。其中，负责社会（民生）新闻报道的占比最多，为26.3%，其次是时政新闻，为17.2%，经济金融新闻比例为16%，之后是科教文卫新闻和法律新闻；而负责体育新闻、国际新闻和军事新闻的较少，合计不足5%。

1. 年龄与报道职责

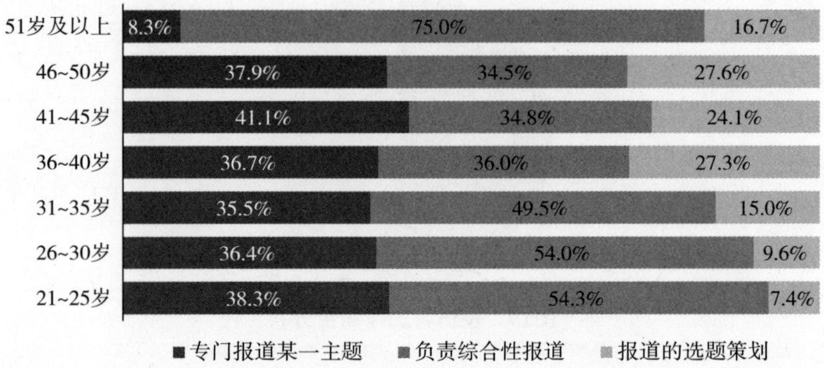

图21　被访者是否专门报道某一主题与年龄情况分布

从上图可以看到，除51岁及以上年龄段之外，各个年龄段的广电新闻从业者在“专门报道某一主题”上差别不大。“负责综合性报道”的比例随着年龄的增加而下降，与此同时，负责“报道的选题策划”的比例也有增加的趋势。表明随着年龄和阅历的增加，采编经验丰富的广电新闻从业者逐渐将精力转移到报道的选题策划上，可能有部分记者越来越偏向于某一主题，而不再负责综合性报道。

2. 职位与报道职责

编辑、科室主任和部门领导及台领导在“报道的选题策划”方面占比较高。科室主任和部门领导及台领导作为管理者，在报道的选题策划上既拥有丰富的经验，又有相应的建议权和决策权，这部分工作自然占比较高。记者和摄像作为采编搭档，基本保持一致。在负责综合性报道上，编辑和主持人的比例均较高，其原因可能是这两个岗位分别是负责编辑和播报汇总来自各个主题的消息，综合性的比例较高。

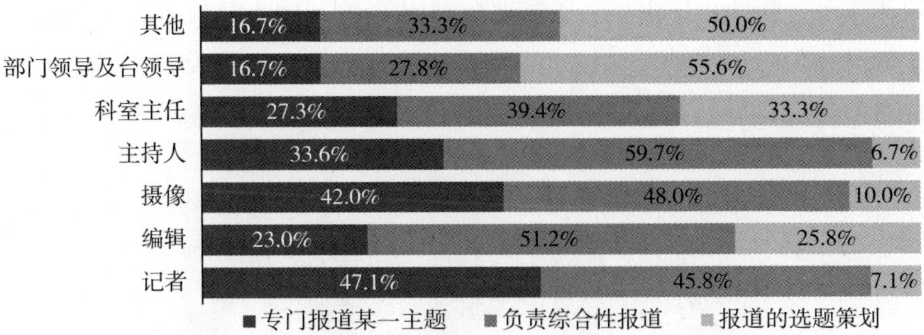

图22　被访者是否专门报道某一主题与职位情况分布

3. 职称与报道职责

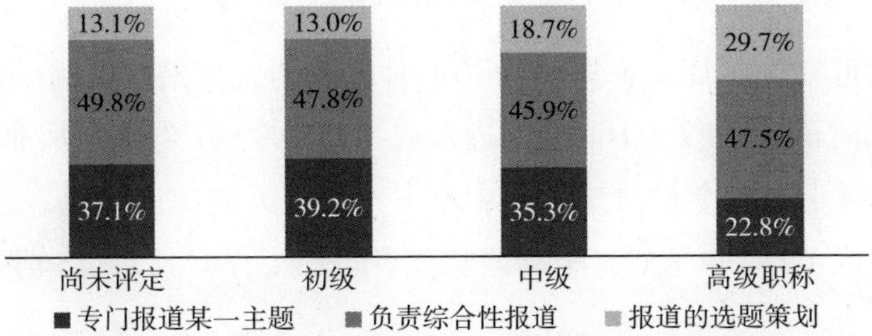

图23　被访者是否专门报道某一主题与职称情况分布

尚未评定职称和初级职称的广电新闻从业者在这三项工作中的比例基本相同。数据显示，随着职称的提升，中级和高级职称从业者“专门报道某一主题”的比例大幅下降，而负责“报道的选题策划”的比重则大幅上升。从此前的分析中可以看到，具有中级和高级职称的广电新闻从业者大都走上了管理岗位，因此也导致工作的重心发生变化。

三、每周工作强度

1. 工作时长

根据我国2015年修订的《劳动法》，问卷以每周工作40小时（平均每周工作5天，每天8小时）为基准进行划定。40～48小时代表每周超过基准工作时长0～1天，48～56小时表示超过每周基准工作总天数1～2天，而56小时以上表示平均一周工作7天，平均每天工作超过8小时。

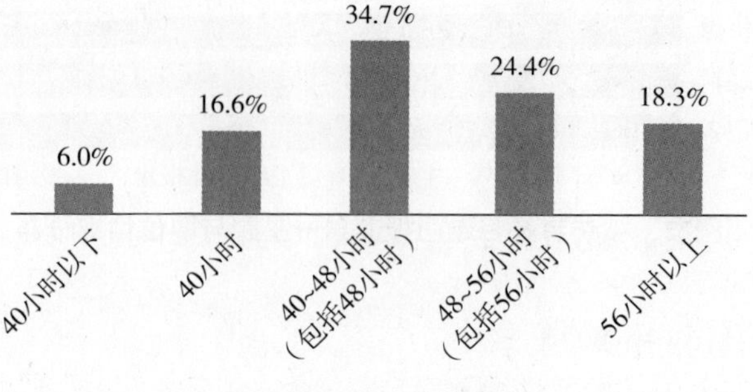

图24　被访者每周工作时长分布

由图可知，每周工作时长为40小时以下的比例最小，为6.0%；合理工作40小时的比例仅为16.6%。近八成（77.4%）广电新闻从业者的工作时长超过《劳动法》的规定。其中超出不足一天的比例最高，为34.7%，另有近两成（18.3%）的广电新闻从业者每周工作时长超过56小时，工作时间过长。

（1）性别与每周工作时长

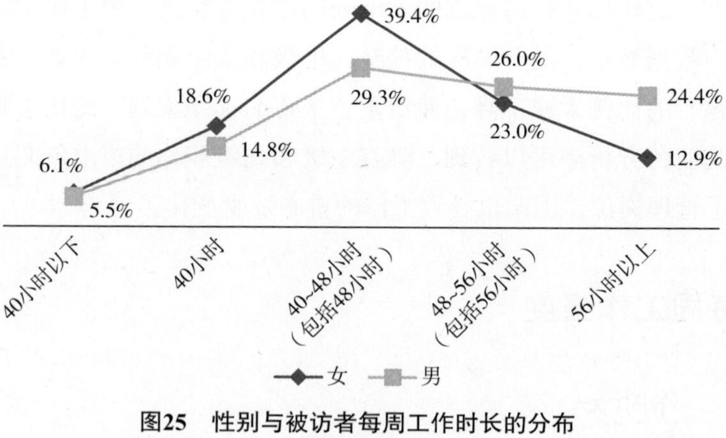

图25　性别与被访者每周工作时长的分布

卡方检验发现，不同性别被访者在每周工作时长上存在显著差异（p=0.000）。总体来说，无论男性女性，每周工作“40～48小时”的人数占比都是最多的，且女性比例（39.4%）高于男性（29.3%）。相对而言，男性被访者的周工作时间长于女性，每周工作超过56小时以上的男性比例（24.4%）比女性（12.9%）高出近一倍。

（2）职位与每周工作时长

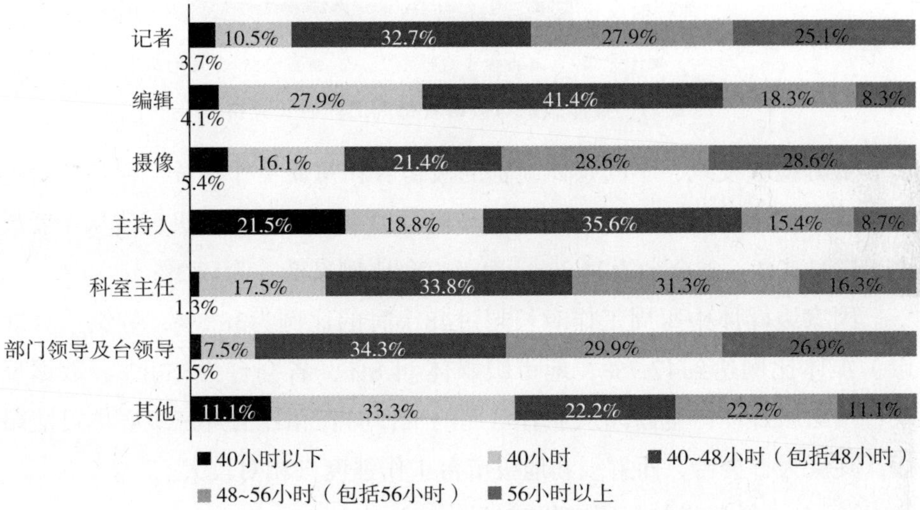

图26 职位与被访者每周工作时长的分布情况

卡方检验发现，不同职位被访者在每周工作时长上存在显著差异（p=0.000）。从上图可以看出，摄像、记者和部门领导及台领导每周工作超过56小时以上的比例最高，均超过了25%，而超过48小时以上的职位中，这三个职位也位居前列，其中摄像57.2%、部门领导及台领导56.8%、记者53%，说明这三个职位中有一半以上的被访者工作时长超过每周基准工作总天数1～2天。

尤其值得注意的是，91%的部门领导及台领导、85.8%的记者、81.3%的科室主任和78.6%的摄像，每周工作时长超过40小时，可见领导和一线采编人员的工作强度偏大。

（3）媒体级别与每周工作时长

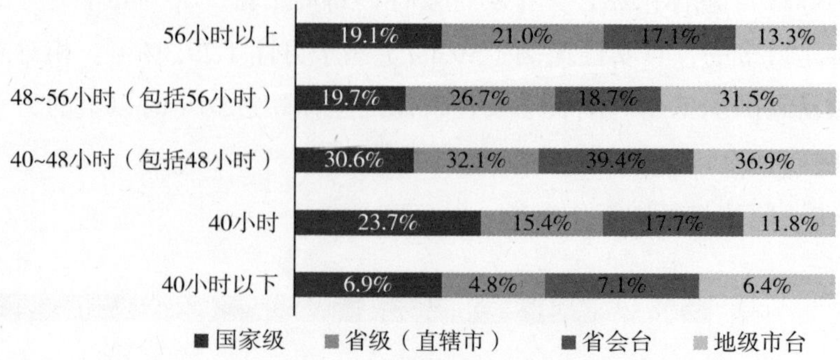

图27　媒体级别与被访者每周工作时长分布

卡方检验发现，不同媒体级别的被访者在每周工作时长上存在显著差异（p=0.002）。每周工作时长在40小时及以下的，以国家级媒体从业者最多，超过30%，省会台为24.8%，地级市台比例最低，为18.2%。

国家级媒体中每周工作时长超过48小时的比例为38.8%，省级（直辖市）媒体比例达到47.7%，地市级媒体44.8%，省会台为35.8%。数据反映，国家级媒体广电新闻从业者每周的工作时长相比另外三级媒体可能略短，其次为省会台，而省级和地级市台工作强度则相对较大。

（4）学科背景与每周工作时长

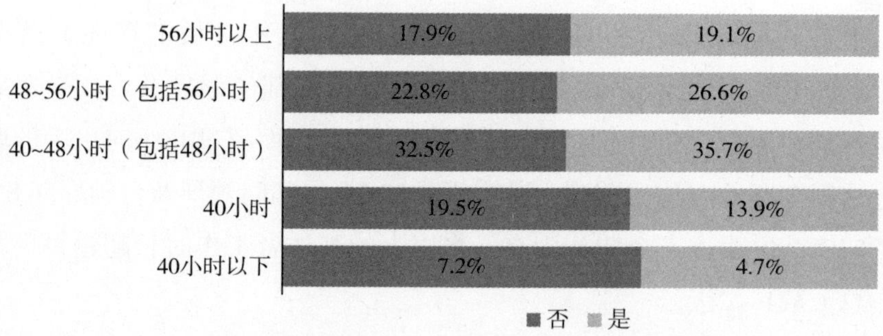

图28　学科背景与被访者每周工作时长分布

数据显示，有无新闻传播学科背景和工作时长也有一定关系（p=0.024）。

其中，非新闻专业的新闻从业者选择每周工作40小时及以下的人数占比将近三成，而在每周工作超过48小时以上的人群中，有新闻专业背景的新闻从业者占到近46%。可能有新闻传播学专业背景的工作者大多从事一线采编工作，而这类工作需要更多的时间和精力，因此每周工作时间较长。

2. 每周发稿数量

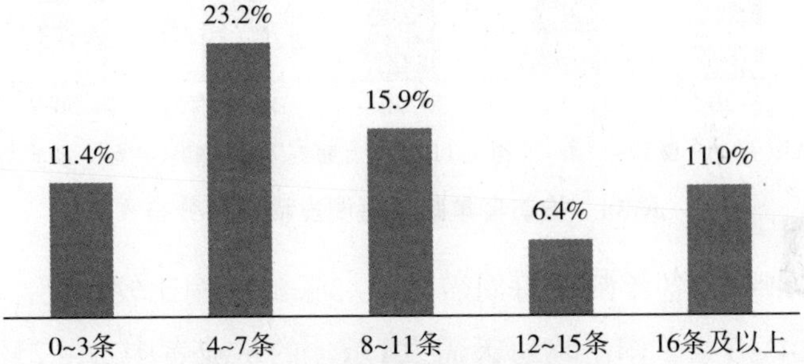

图29　被访者每周发稿数量分布

共有1112位受访者回答了该问题，其中，有358位被访者的工作不涉及发稿（占总样本量的32.2%），故此题样本总数为754人。从每周发稿数量来看，发稿数量主要集中于每周4 ~ 7条（23.2%），其次为8 ~ 11条，占比15.9%，发稿12 ~ 15条的最少，为6.4%。

（1）年龄与每周发稿数量

不同年龄的被访者在每周发稿数量上存在显著性差异（p=0.000）。从图30中可以发现以下规律：首先，“此题不适用”（即不用发稿，下同）的比例基本随着年龄增长而快速增长，但到了46岁之后又开始有所减少；其次，41岁之后每周发稿数量超过16条的比例显著提高；第三，每周发0 ~ 3条、4 ~ 7条、8 ~ 11条的比例随着年龄增长出现下降。上述变化的产生，可能是在达到一定的工作年限后，从业者逐渐走上各类领导岗位，因而不适用（不需发稿）的比例增加，硬性任务量下降。41岁之后可能一些从业者成了本单位编审岗位的重要领导，需要编审大量稿件，造成每周编发16条以上的比例大幅上升。

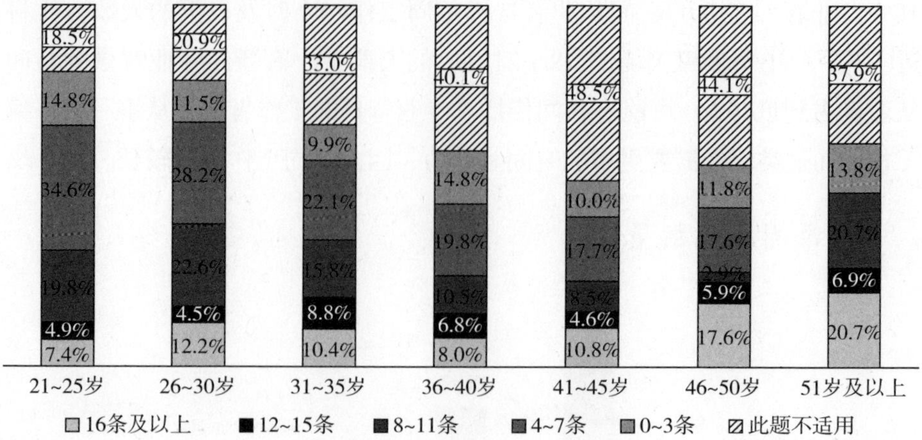

图30　被访者年龄与每周发稿数量分布

从数据来看，各年龄段每周需发0～3条的比例比较接近，均在10%左右；而需发4～7条（即平均每天需发1条）的从业者中21～25岁年龄段比例最高，为34.6%，此后随着年龄增加依次递减。每周需发8～11条的从业者在26～30岁年龄段占比最高，其次是51岁及以上和21～25岁。

（2）职位与每周发稿数量

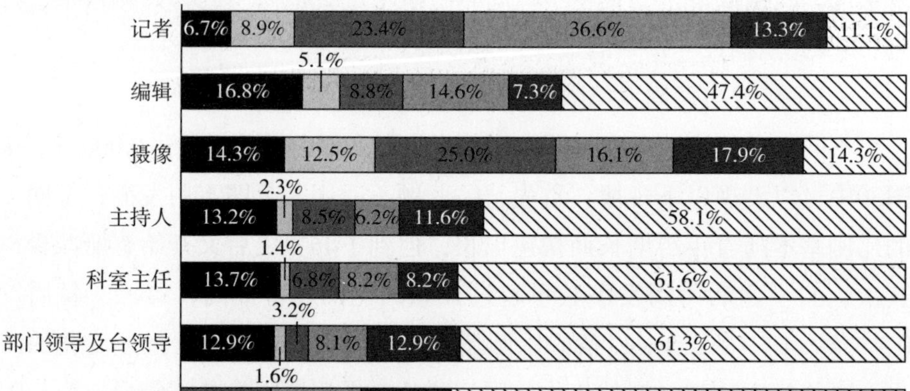

图31　被访者职位与每周发稿数量分布

续表

	组件		
	1	2	3
新型媒体技术		.722	
单位的工作考核	.472	.514	
领导的做法和观念			.883
上级主管部门的干预			.880

提取方法：主成分分析。

旋转方法：Kaiser 标准化最大方差法。

a. 旋转在 5 次迭代后已收敛。

可以发现，新闻从业者的压力主要来源于三个方面，首先是实用性的工作前景（因子1），其次来自于竞争机制（市场、同事、新技术与考核）（因子2）、最后来源于上级行政因素（因子3）。

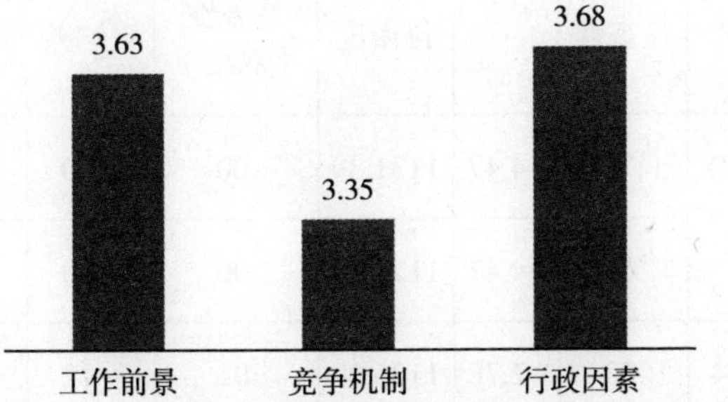

图42　职业压力各因子均值

如图42所示，在三种压力来源当中，行政因素对被访者造成了最大的压力，其均值达到3.68，压力较大；工作前景造成的压力也较大；相比之下，来自于市场、同事、新技术与考核等方面的竞争机制带来的压力较小。

1. 性别与职业压力

如图43所示，无论在任何一个职业压力因子上，男性所感受到的压力都远高于女性，其中行政因素为男性受访者带来的压力最大，均值达到3.84，远高于女性；而女性对于工作前景方面的压力则与行政因素相当。

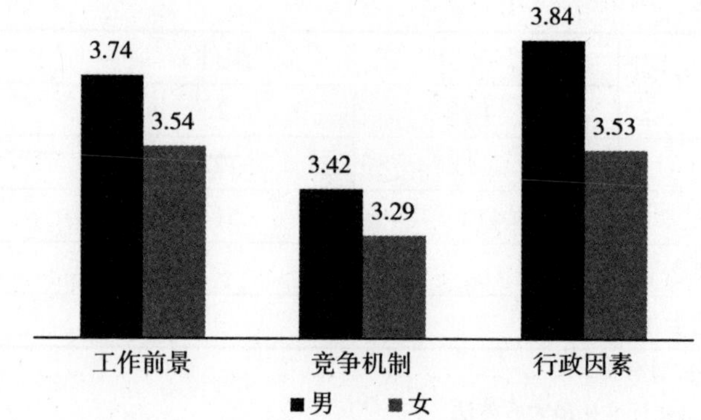

图43　不同性别的职业压力各因子均值

表16　　　　　　　　独立样本检验

		列文方差相等性检验		平均值相等性的 t 检验						
		F	显著性	t	自由度	显著性（双尾）	平均差	标准误差差值下限	差值的 95% 置信区间	
									上限	下限
工作前景	已假设方差齐性	.10	.75	−4.47	1131.39	.00	−.20	.05	−.29	−.11
	未假设方差齐性			−4.47	1128.08	.00	−.20	.05	−.29	−.11
竞争机制	已假设方差齐性	.94	.33	−2.78	1136.99	.01	−.12	.04	−.21	−.04
	未假设方差齐性			−2.78	1135.15	.01	−.12	.04	−.21	−.04
行政因素	已假设方差齐性	.68	.41	−6.05	1140.28	.00	−.31	.05	−.41	−.21
	未假设方差齐性			−6.05	1139.24	.00	−.31	.05	−.41	−.21

独立样本t检验显示，不同性别的新闻从业者在各个压力因子上的差异都存在统计上的显著性。具体来说，男性在压力来源的三个因子上（工作前景、竞争机制和行政因素）均有相对更高的值，也就是说，男性新闻从业者普遍比女性新闻从业者感受到了更多的工作压力，这种压力在行政因

素上最为明显（均值差距达到0.31）。

2. 从业年龄与职业压力

如下表所示，不同从业年龄的新闻从业者群体对于“工作前景”和“竞争机制”两个方面所感受到的压力有差异，这种差异具有统计上的意义，而在行政因素上感受到的压力差异则不具有统计上的显著性。

表17　　方差分析表

		平方和	df	均方	F	显著性
工作前景	组之间	6.07	3.00	2.02	3.47	.02
	组内	653.34	1120.00	.58		
	总计	659.42	1123.00			
竞争机制	组之间	9.52	3.00	3.17	5.58	.00
	组内	639.95	1125.00	.57		
	总计	649.47	1128.00			
行政因素	组之间	2.95	3.00	.98	1.29	.28
	组内	862.66	1129.00	.76		
	总计	865.61	1132.00			

分组比较来看，从业年龄在10～20年的新闻从业者相对感受到了更大的压力，而5年以下工作经验的新闻从业者相对感受到的压力更小。考虑到从业年龄在10～20年的新闻从业者，更多的是31～40岁的青年人，可以推测，他们可能面对相对更大的生计压力，而使得他们在工作中感受到相对大的压力。

表18　　多重比较

因变量	（I）从业年数	（J）从业年数	平均差（I–J）	标准错误	显著性	95%置信区间	
						下限	上限
工作前景	10～20年	5年以下	.16*	.06	.01	.04	.28
		5～10年	.07	.06	.23	–.04	.18
		20年及以上	.19*	.07	.01	.05	.33

续表

因变量	（I）从业年数	（J）从业年数	平均差（I–J）	标准错误	显著性	95%置信区间	
						下限	上限
竞争机制	10 ~ 20年	5年以下	.24*	.06	.00	.12	.36
		5 ~ 10年	.12*	.06	.03	.01	.23
		20年及以上	.06	.07	.39	–.08	.20

* 均值差的显著性水平为0.05。

3. 年龄与职业压力

方差分析显示，不同年龄的新闻从业者群体在工作前景和行政因素上感受到的压力存在差异，而在竞争机制上不存在显著性差异。

表19　　方差分析表

		平方和	df	均方	F	显著性
工作前景	组之间	17.43	6.00	2.90	5.02	.00
	组内	654.14	1130.00	.58		
	总计	671.57	1136.00			
竞争机制	组之间	6.91	6.00	1.15	2.01	.06
	组内	650.02	1135.00	.57		
	总计	656.93	1141.00			
行政因素	组之间	15.33	6.00	2.55	3.37	.00
	组内	863.37	1139.00	.76		
	总计	878.69	1145.00			

分组比较则可以发现，在组间差异上，31 ~ 35岁的新闻从业者在工作前景上表现出的压力要相对显著；21 ~ 25岁的新闻从业者在竞争机制上感受到的压力要相对低于其他群体。

表20 多重比较

因变量	（I）年龄	（J）年龄	平均差（I–J）	标准错误	显著性	95%置信区间	
						下限	上限
工作前景	31～35岁	21～25岁	.29*	.09	.00	.11	.47
		26～30岁	.08	.06	.19	–.04	.19
		36～40岁	.15*	.07	.03	.01	.29
		41～45岁	.07	.08	.37	–.08	.22
		46～50岁	.54*	.13	.00	.28	.79
		51岁及以上	.38*	.14	.01	.11	.65
竞争机制	21～25岁	26～30岁	–.18*	.09	.05	–.37	.00
		31～35岁	–.25*	.09	.01	–.43	–.07
		36～40岁	–.30*	.10	.00	–.50	–.10
		41～45岁	–.29*	.11	.01	–.50	–.09
		46～50岁	–.16	.15	.28	–.45	.13
		51岁及以上	–.15	.15	.32	–.46	.15

* 均值差的显著性水平为 0.05。

4. 职称与职业压力

通过方差分析可以看到，不同职称层次的新闻从业者在“发展前景”方面感受到的压力差异具有显著性。

表21 方差分析表

		平方和	df	均方	F	显著性
工作前景	组之间	10.60	3.00	3.53	6.05	.00
	组内	660.86	1131.00	.58		
	总计	671.46	1134.00			
竞争机制	组之间	.58	3.00	.19	.34	.80
	组内	656.07	1137.00	.58		
	总计	656.65	1140.00			
行政因素	组之间	.66	3.00	.22	.29	.84
	组内	877.53	1140.00	.77		
	总计	878.19	1143.00			

分组对比可以看到，在工作前景上感受到的差异，几乎是随着职称的上升而下降的。这从一方面暗示，职称评定可能仍然是新闻从业者非常关心的一件事情，因为职称在一定程度上影响到记者的工资、福利等经济收入方面的待遇。

表22　　　　多重比较

因变量	（I）职称	（J）职称	平均差（I–J）	标准错误	显著性	95%置信区间	
						下限	上限
工作前景	高级职称	尚未评定	–.29*	.09	.00	–.46	–.13
		初级	–.30*	.08	.00	–.46	–.15
		中级	–.17*	.08	.04	–.33	–.01

* 均值差的显著性水平为 0.05。

六、职业满意度

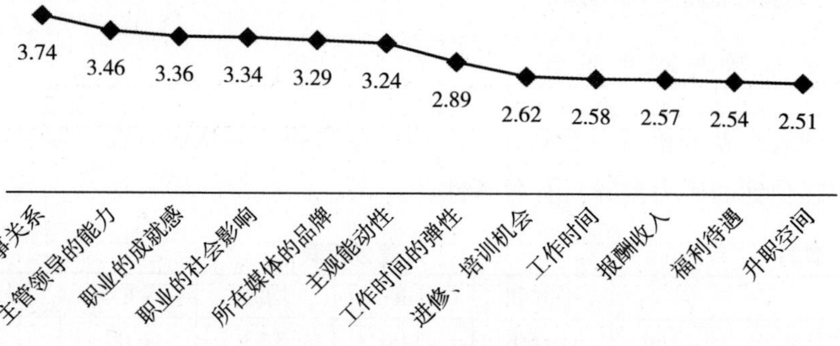

图44　职业因素满意程度

如图所示，被访者主要对自身工作环境（同事关系、主管领导能力）、传媒事业的整体感受（职业成就、社会影响、媒体品牌与主观能动性）感到比较满意，均值水平在3以上；但对工作时间和回报性因素（收入、福利、升值空间）的满意度低于一般水平。

其中，与收入待遇相关的“福利待遇（2.54）”和“报酬收入（2.57）”排名倒数第二、三位，表明广电新闻从业者对于收入待遇并不满意。与此同时，与工作时间相关的选项得分也偏低。

相比较之下，广电新闻从业者对“同事关系”和“主管领导的能力”评分较高，说明总体上广电新闻媒体内同事之间的关系普遍较好，领导能力也得到大家的认可；同时，职业带来的成就感和社会影响也受到大家普遍认可。

把职业因素满意度部分进行试分析且剔除扰动因素后，对职业因素进行因子分析，可得到如下结果。

表23　　KMO和Bartlett’s球形检验

KMO 取样适切性量数		.849
Bartlett’s球形检验	上次读取的卡方	7426.329
	自由度	55
	显著性	.000

如上表所示，KMO与Bartlett’s球形检验结果相对较好，说明该问题适宜使用因子分析法进行处理。

表24　　总方差解释

组件	初始特征值			提取载荷平方和			旋转载荷平方和		
	总计	方差百分比	累积百分比	总计	方差百分比	累积百分比	总计	方差百分比	累积百分比
1	5.493	49.936	49.936	5.493	49.936	49.936	3.695	33.595	33.595
2	1.150	10.452	60.387	1.150	10.452	60.387	2.947	26.792	60.387
3	.977	8.884	69.271						
4	.909	8.263	77.534						
5	.643	5.848	83.382						
6	.506	4.600	87.982						
7	.439	3.993	91.975						
8	.334	3.036	95.011						
9	.267	2.427	97.438						
10	.162	1.469	98.907						
11	.120	1.093	100.000						

提取方法：主成分分析。

最终，因子分析得到的两个因子可以解释所有变差的60%，解释力度良好。

表25　　旋转后的成分矩阵a

	组件	
	1	2
报酬收入	.868	
福利待遇	.866	
工作时长	.742	
升职空间	.683	
进修、培训机会	.603	
工作时间的弹性	.516	
同事关系		.753
职业的社会影响		.711
职业的成就感		.692
主管领导的能力		.687
主观能动性		.631

提取方法：主成分分析。

旋转方法：Kaiser 标准化最大方差法。

a. 旋转在 3 次迭代后已收敛。

从旋转后的因子可以看到，第一个因子包括报酬收入、福利待遇、工作时长、升职空间及进修、培训机会和工作时间的弹性等几个方面，可以看作新闻工作的“工作回报”，而另一个因子包括同事关系、职业的社会影响、职业的成就感、主管领导的能力、主观能动性几个方面，可以看作新闻工作的“工作处境”。

如图45所示，被访者对工作处境相对满意，满意度均值达到3.43（满分为5），而对于工作回报的满意度低于一般水平，均值仅为2.61。说明当前新闻从业者在收入、待遇、工作时间、进修机会等方面不甚满意。

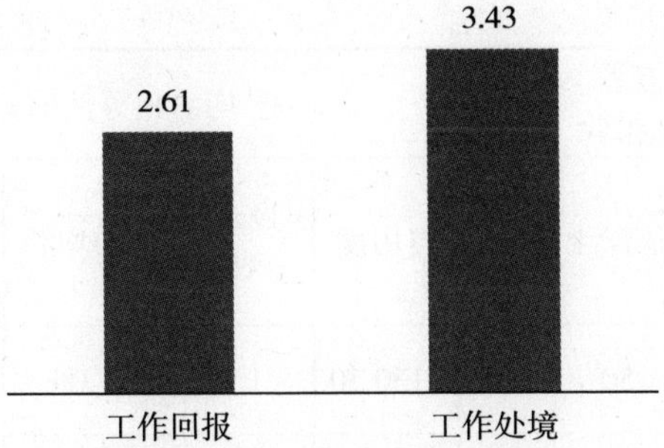

图45　职业满意度因子均值

1. 性别与职业满意度

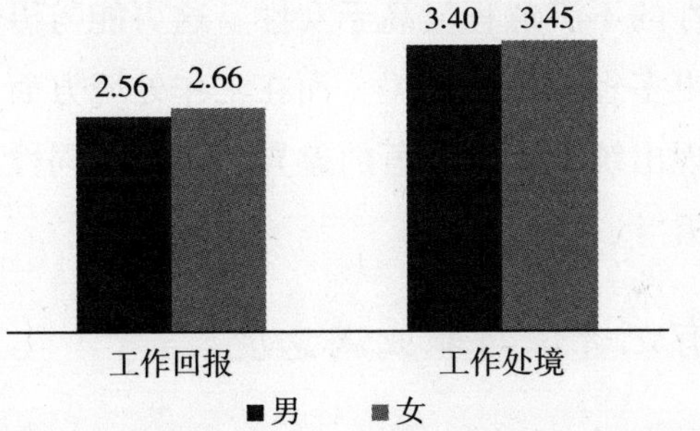

图46　不同性别在两个职业满意度因子上的差异

如图46所示，不同性别的被访者在两个职业满意度因子上有所差异，男性的满意度整体较低。

表26　　独立样本检验

		列文方差相等性检验		平均值相等性的 t 检验						
		F	显著性	t	自由度	显著性（双尾）	平均差	标准误差差值	差值的95%置信区间 下限	差值的95%置信区间 上限
工作回报	已假设方差齐性	2.06	.15	2.15	1128.88	.03	.10	.05	.01	.20
	未假设方差齐性			2.15	1125.72	.03	.10	.05	.01	.20

续表

		列文方差相等性检验		平均值相等性的t检验						
		F	显著性	t	自由度	显著性（双尾）	平均差	标准误差差值	差值的95%置信区间	
									下限	上限
工作处境	已假设方差齐性	.46	.50	1.34	1130.30	.18	.06	.04	–.03	.14
	未假设方差齐性			1.34	1129.40	.18	.06	.04	–.03	.14

独立样本t检验的结果显示，在工作回报这一因子上，男性与女性的差异存在统计意义上的显著性（p=0.03）。尽管无论男女，对工作回报都略有不满，然而男性的不满意程度高于女性。这可能与男性在家庭和社会中往往被期待承担更多经济责任有关。而在工作处境方面，男性、女性新闻从业者并没有展现出统计上的显著的差异，说明不同性别的被访者对工作处境的满意程度相当。

2. 是否持有记者证与职业满意度

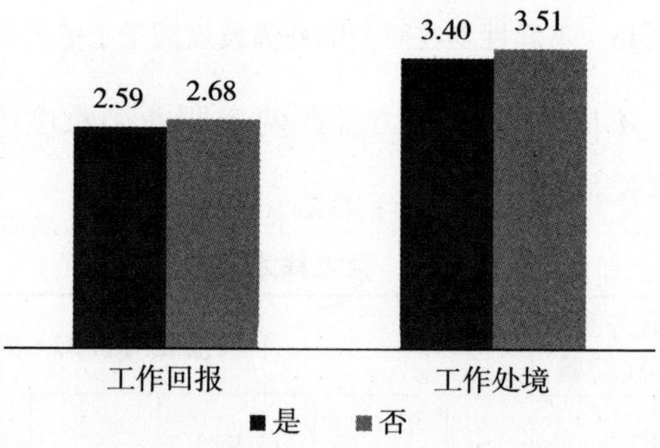

图47　持证与否在两个职业满意度因子上的差异

均值比较发现，新闻从业者的持证情况也可能导致其职业满意度的不同。总体来说，持有记者证的被访者满意度更低。

表27　　　　　　　　　　独立样本检验

		列文方差相等性检验		平均值相等性的 t 检验						
		F	显著性	t	自由度	显著性（双尾）	平均差	标准误差差值	差值的95%置信区间	
									下限	上限
工作回报	已假设方差齐性	6.14	.01	–1.76	1125.09	.08	–.10	.06	–.21	.01
	未假设方差齐性			–1.68	484.29	.09	–.10	.06	–.21	.02
工作处境	已假设方差齐性	2.92	.09	–2.19	1126.50	.03	–.11	.05	–.20	–.01
	未假设方差齐性			–2.12	485.15	.03	–.11	.05	–.21	–.01

独立样本t检验的结果显示，被访者是否持有记者证在“工作处境”这一因子的满意度上存在显著差异（p=0.03）。持有记者证的被访者对工作处境的满意度更低，可能由于持证记者对同事关系、职业的社会影响、职业的成就感、主管领导的能力、主观能动性等方面有更高的期待。

3. 从业年龄与职业满意度

方差分析显示，不同从业年龄的新闻从业者群体，在职业满意度的两个因子上均有显著性差异。

表28　　　　　　　　　　方差分析表

		平方和	df	均方	F	显著性
工作回报	组之间	12.78	3.00	4.26	6.47	.00
	组内	735.27	1117.00	.66		
	总计	748.05	1120.00			
工作处境	组之间	10.90	3.00	3.63	6.96	.00
	组内	584.59	1119.00	.52		
	总计	595.49	1122.00			

进一步进行分组对比可以看到，无论是对于工作回报，还是对于具体的工作处境，从业年龄更长的群体相比从业年龄更短的群体满意度要低。

表29　　多重比较

因变量	（I）从事新闻年龄分组	（J）从事新闻年龄分组	平均差（I–J）	标准错误	显著性	95%置信区间	
						下限值	上限
工作回报	5年以下	5～10年	.18*	.07	.01	.04	.32
		10～20年	.27*	.06	.00	.14	.40
		20年及以上	.28*	.09	.00	.11	.45
工作处境	5年以下	5～10年	.15*	.06	.02	.03	.28
		10～20年	.25*	.06	.00	.14	.36
		20年及以上	.26*	.08	.00	.11	.41

* 均值差的显著性水平为0.05。

虽然检验结果显示，并非任意两组之间的差异都具有统计显著性，但可以看到，至少对于工作年龄在五年以下的群体来说，他们对于各类职业因素的满意程度都相对更高。考虑到分组依据具有一定的时间延续性，因此，从业年龄分组所展示的差异暗示了新闻从业者对于各项职业因素的满意程度可能是随时间而逐渐降低的。

4. 年龄与职业满意度

方差分析显示，不同年龄的新闻从业者群体，在职业满意度的两个因子上也存在显著性差异，这也是由于被访者年龄与从业年龄具有较强的一致性。

表30　　方差分析表

		平方和	df	均方	F	显著性
工作回报	组之间	13.79	6.00	2.30	3.45	.00
	组内	750.55	1127.00	.67		
	总计	764.34	1133.00			

续表

		平方和	df	均方	F	显著性
工作处境	组之间	12.34	6.00	2.06	3.93	.00
	组内	591.28	1129.00	.52		
	总计	603.62	1135.00			

年龄分组检验与从业年龄分组检验结果类似，其组间差异相比组内差异具有显著性。但不同的是，分组检验结果显示，其差异并未因年龄组别的上升而出现规律性的变化。

表31　　多重比较

因变量	（I）年龄	（J）年龄	平均差（I–J）	标准错误	显著性	95%置信区间	
						下限	上限
工作回报	21～25岁	26～30岁	.25*	.10	.01	.05	.45
		31～35岁	.33*	.10	.00	.14	.52
		36～40岁	.27*	.11	.01	.06	.48
		41～45岁	.48*	.11	.00	.26	.71
		46～50岁	.22	.16	.17	–.09	.54
		51岁及以上	.39*	.17	.02	.06	.72
	41～45岁	21～25岁	–.48*	.11	.00	–.71	–.26
		26～30岁	–.24*	.09	.01	–.40	–.07
		31～35岁	–.15	.08	.06	–.31	.01
		36～40岁	–.21*	.09	.02	–.40	–.03
		46～50岁	–.26	.15	.09	–.56	.04
		51岁及以上	–.09	.16	.57	–.40	.22
工作处境	21～25岁	26～30岁	.14	.09	.12	–.04	.32
		31～35岁	.27*	.09	.00	.10	.44
		36～40岁	.18	.10	.07	–.01	.37
		41～45岁	.42*	.10	.00	.22	.62
		46～50岁	.21	.14	.13	–.07	.49
		51岁及以上	.21	.15	.17	–.09	.50

续表

因变量	（I）年龄	（J）年龄	平均差（I–J）	标准错误	显著性	95%置信区间	
						下限	上限
工作处境	41～45岁	21～25岁	–.42*	.10	.00	–.62	–.22
		26～30岁	–.28*	.08	.00	–.43	–.13
		31～35岁	–.15*	.07	.05	–.29	.00
		36～40岁	–.24*	.08	.00	–.40	–.07
		46～50岁	–.20	.13	.12	–.47	.06
		51岁及以上	–.21	.14	.14	–.49	.07

* 均值差的显著性水平为 0.05。

总体来看，在两类满意度因素上，21～25岁、41～45岁的新闻从业者分别是满意度的高峰和低谷。但其显著性总体没有“从业年龄”部分更明显。因此可以认为，新闻从业年龄对于职业因素满意度的影响相对更为明显。

5. 职称与职业满意度

方差分析显示，在工作回报方面，不同职称的新闻从业者群体之间不存在统计显著的差异，而在工作处境上显示出了显著性差异（p=0.05）。

表32　　方差分析表

		平方和	df	均方	F	显著性
工作回报	组之间	4.56	3.00	1.52	2.26	.08
	组内	759.55	1129.00	.67		
	总计	764.11	1132.00			
工作处境	组之间	4.06	3.00	1.35	2.55	.05
	组内	598.82	1130.00	.53		
	总计	602.88	1133.00			

分组比较中发现，在工作处境上，相对尚未评定职称的新闻从业者来说，初级、中级职称的新闻从业者对“工作处境”因素的满意程度更低，且差异显著。

表33　　多重比较

因变量	（I）职称	（J）职称	平均差（I–J）	标准错误	显著性	95%置信区间	
						下限	上限
工作处境	尚未评定	初级	.11*	.06	.05	.00	.23
		中级	.17*	.06	.01	.05	.29
		高级职称	.08	.08	.31	–.08	.24

* 均值差的显著性水平为 0.05。

考虑到尚未评定职称的新闻从业者中，一部分可能是流动性相对较强的非在编记者，可能影响到了这一群体对于工作处境的评价。

七、收入差异

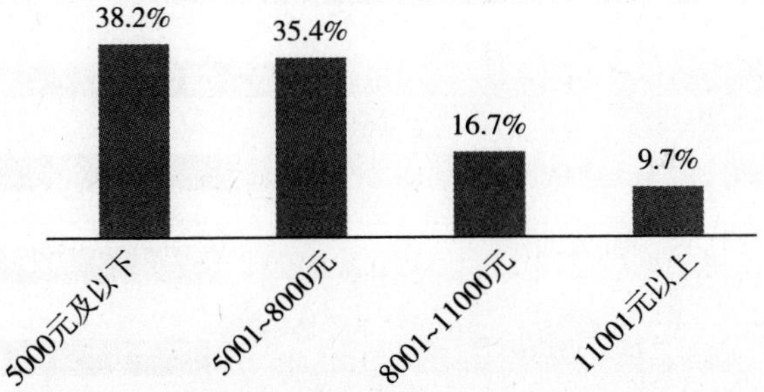

图48　被访者收入分布

如图48所示，被访者收入主要集中在5000元及以下和5001～8000元这两个范围内，收入低于8000元的从业者占比达到73.6%；收入在8001元～11000元的比例为16.7%，而仅有不到10%的从业者收入可以达到11001元以上。

1. 年龄、职称、学历、播出机构行政级别与收入

通过斯皮尔曼相关分析发现，收入与年龄、职称、最高学历、播出机构行政级别之间存在显著性统计关系。年龄、职称、最高学历、播出机构

行政级别与收入成正比，即年龄越大、职称越高、学历越高、播出机构行政级别越高，收入就越高。这与我们通常的认知相符。

表34　　相关性分析

			职称	年龄	播出机构行政级别	最高学历
Spearman相关分析	收入	相关系数	.337**	.237**	.390**	.237**
		Sig.（双侧）	.000	.000	.000	.000
		N	1292	1294	1294	1291

2. 地区与收入

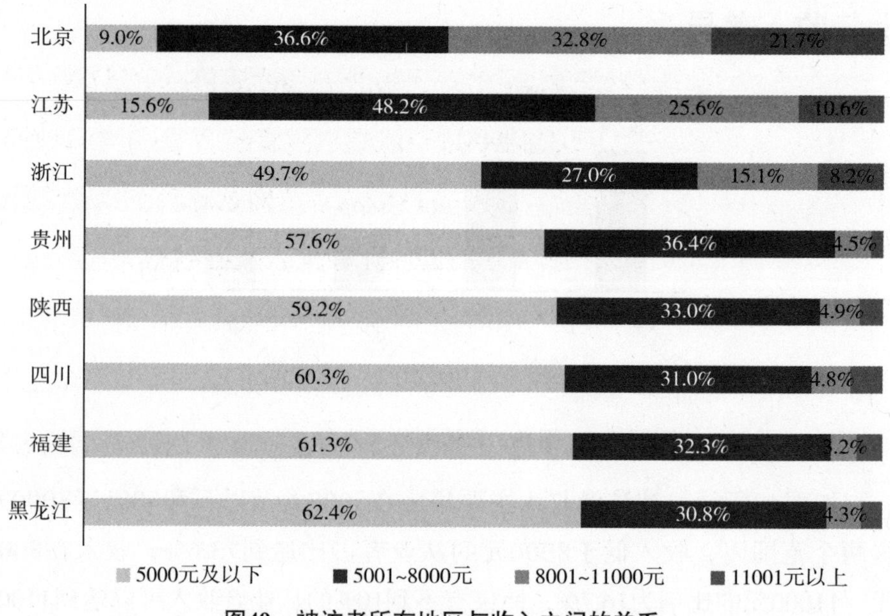

图49　被访者所在地区与收入之间的关系

卡方检验发现，不同地区的被访者在收入上存在显著差异（p=0.000）。如图49所示，北京市、江苏省的广电新闻从业者收入情况最为乐观，收入低于5000元及以下的比例远远低于其他省份，黑龙江、福建、四川等地的广电新闻从业者收入在5000元及以下的比例均超过了60%。

在5001～8000元这一档，江苏省比例最高（48.2%），浙江省最低（27%）。但在8001～11000元及11001元以上，北京、江苏、浙江就与其他省市明显拉开了距离，北京市月收入超过8001元的从业者超过五成，比例高达54.5%，超过11001元的比例更是高达21.7%，远超其他省市。

北京市、江苏省与浙江省经济发达，该地区的从业者月收入也相应较高。此外，在北京市，国家级媒体聚集，收入也更高。值得注意的是，福建省虽然同样处于东部沿海地带，但广电新闻从业者的收入水平并不高，甚至落后于某些西部省份。

3. 职位与收入

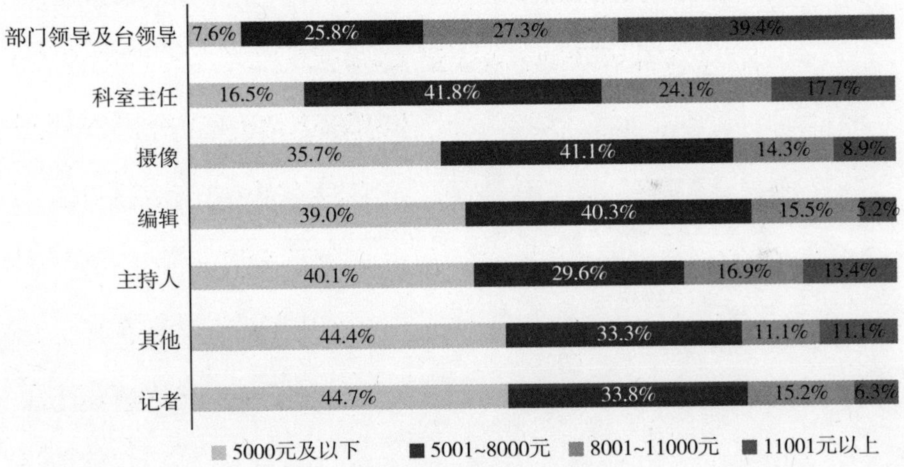

图50　职位与被访者收入情况分布

卡方检验发现，不同职位的被访者在收入上存在显著差异（p=0.000）。科室主任、部门领导和台领导收入较高是没有悬念的，特别是部门领导和台领导，月收入高于11001元以上的比例高达39.4%。

相比之下，记者、摄像、编辑等一线新闻从业者收入较低，具体表现为高收入群体较少，月收入11001元以上的比例均低于10%。

主持人岗位两极分化较为明显，月收入在5000元以下的比例（40.1%）与采编人员接近，但月收入8001～11000元及11001元以上的比例均高于采编人员。

除上述几个因素外，数据也显示，男性比女性的收入要高，而是否具有新闻传播学背景则对收入没有多大影响。

第六章

中国广电新闻从业者的职业理想与职业素养

1.职业选择：近五成被访者表示不清楚五年后是否仍会在当前媒体工作；仅四成左右表示会将新闻工作作为终身职业。

2. 新闻来源：新闻从业者获取新闻最主要的渠道是互联网和传统媒体，其次为新闻发布会、新闻通讯社和“线人”等；其中新闻通讯社的可靠性评价最高，互联网最低。

3. 新闻价值：新闻的真实性是第一位的，比起轰动性、反常性和趣味性，真实性、时效性和贴近性更重要。

4. 影响新闻工作的因素：新闻从业者工作中最常考虑的三个因素是职业道德、舆论导向和报道口径；行政因素和经济压力也是重要的影响因素。

5. 影响新闻报道因素的变化：社交媒体和UGC、突发事件报道的时效性、媒体经营及竞争压力对新闻报道的影响明显增强；但对新闻传播专业学历的需求却没有变化。

6. 从业者素质变化：当前新闻从业者的多媒体技能提高最为明显，但平均工作时间也大幅提高；然而被访者认为，新闻从业者的社会地位却在下降，包括其所承担的社会角色以及公信力。

7. 报道的自主性：广电新闻从业者在新闻报道中有一定的自主性，比起主题和侧重点，报道角度的自主性最高；当某些消息无法在媒体报道时，超过一成被访者会通过私人账号发布消息，其主要发布平台是微信朋友圈。

一、对新闻工作的忠诚度

1. 五年后继续在目前所在媒体工作的意愿

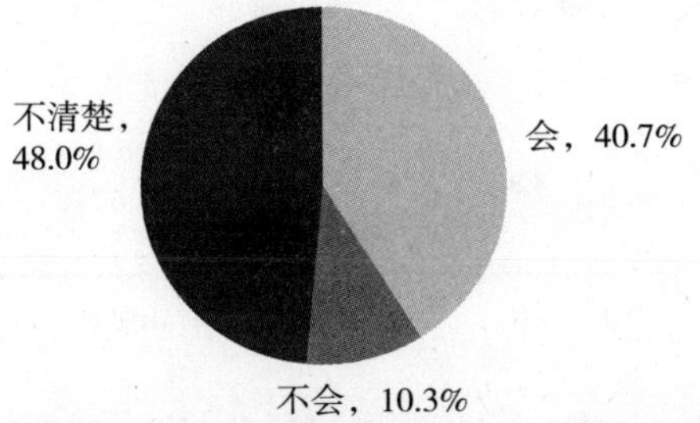

图51　被访者五年后是否继续在目前所在媒体工作

如图51所示，近一半的被访者对于五年后是否还在目前所在媒体工作表示“不清楚”，40.7%的被访者明确表示仍会继续在目前所在媒体工作，仅10.3%的被访者表示不会。说明广电新闻从业者对目前所在单位的忠诚度较高，但其中也夹杂了较大的不确定因素。

（1）性别与五年后继续在目前所在媒体工作的意愿

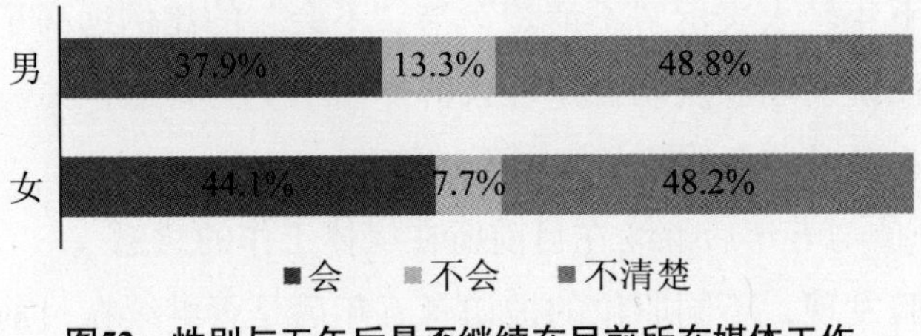

图52　性别与五年后是否继续在目前所在媒体工作

卡方检验发现，不同性别的被访者五年后是否继续在目前所在媒体工作的意愿具有统计显著的差别（p=0.004）。女性继续在当前媒体工作的意愿更强，比例为44.1%，而男性仅为37.9%，这可能由于女性对工作生活的稳定性有更高要求。

（2）年龄与五年后继续在目前所在媒体工作的意愿

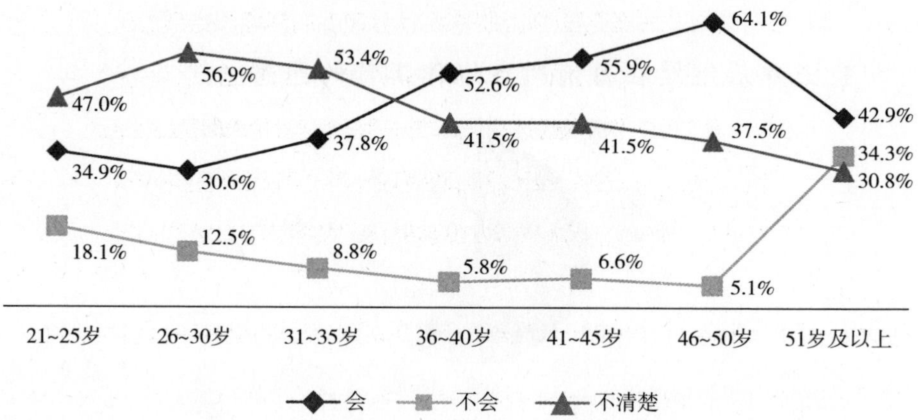

图53　年龄与五年后是否继续在目前所在媒体工作

卡方检验发现，不同年龄的被访者五年后是否继续在目前所在媒体工作的意愿具有统计显著的差异（p=0.000）。随着年龄的增长，五年后继续在目前所在媒体工作的意愿逐渐增强。以35岁为结点，被访者表示“会”的比例超过了“不清楚”的比例。而在50岁这一结点上，表示“不会”的比例大幅上升，这可能与退休年龄有关。

35岁以下年轻人表示“不清楚”与“不会”的比例远高于其他年龄阶段，这一方面说明职业流动在年轻人群体当中更为普遍，另一方面说明年轻的新闻从业者对自身的职业规划不够清晰。

（3）职位与五年后继续在目前所在媒体工作的意愿

卡方检验发现，不同职位的被访者五年后是否继续在目前所在媒体工作的意愿具有统计显著的差异（p=0.000）。主持人与领导层对目前所在媒体的忠诚度较高，五年后仍在此工作的意愿均超过50%。编辑、记者的忠诚度相对较低，摄像人员继续在此工作的意愿最低（29.1%），说明摄像行业的流动性相对较大。

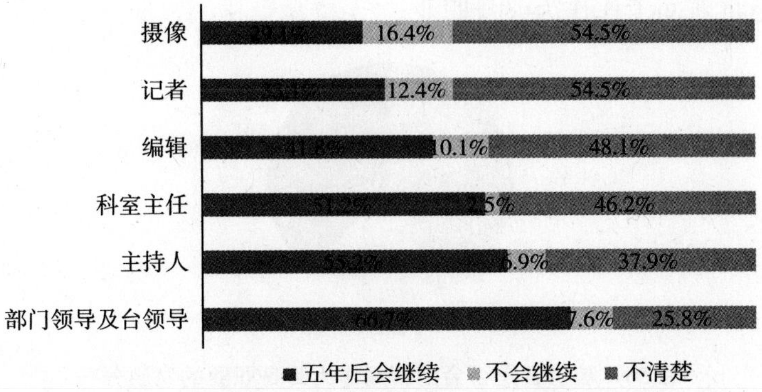

图54　职位与五年后是否继续在目前所在媒体工作

（4）媒体级别与五年后继续在目前所在媒体工作的意愿

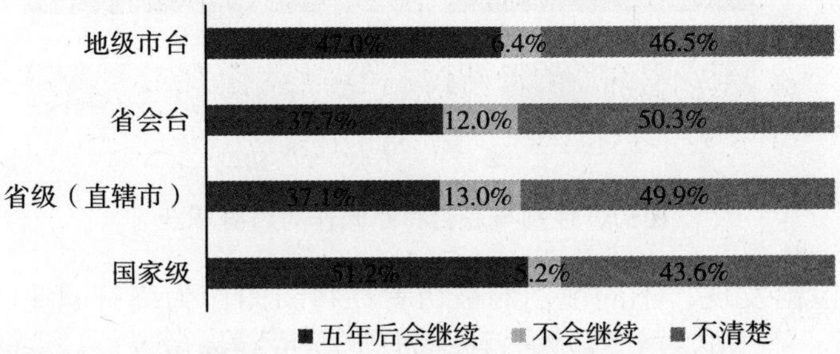

图55　媒体级别与五年后是否继续在目前所在媒体工作

卡方检验发现，不同媒体级别的被访者五年后是否继续在目前所在媒体工作的意愿具有统计显著的差异（p=0.000）。国家级媒体与地级市台的新闻从业者对目前所在媒体的忠诚度较高，五年后会继续在此工作的占比分别达到51.2%和47%，高于省级（直辖市）和省会台。

2. 是否将新闻工作作为终身职业

参与此次调研的新闻从业者中，不足一半的被访者（38.3%）表示会将新闻工作作为终身职业，近一半（44.3%）表示对此感到“不清楚”，说明广电新闻从业者对行业的忠诚度还不够高，不过，仅17.4%的人明确表示不会将新闻工作作为终身职业。

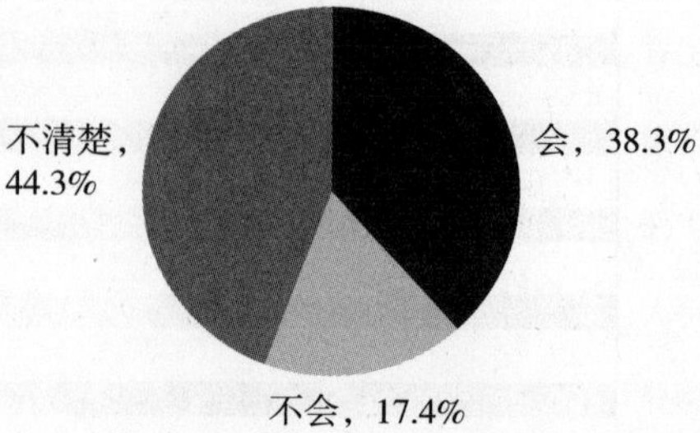

图56　被访者是否会把新闻作为终身职业的意愿分布

（1）性别与将新闻作为终身职业的意愿

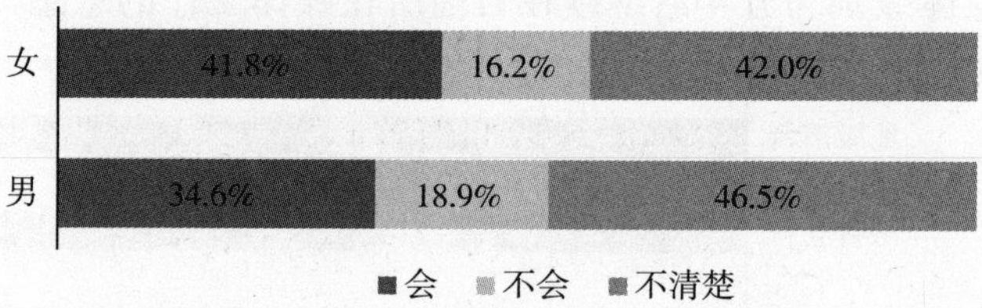

图57　性别与是否将新闻作为终身职业

卡方检验发现，不同性别的被访者在将新闻作为终身职业的意愿上具有显著差异（p=0.041）。女性对新闻行业的忠诚度更高，愿意将其作为终身职业的比例（41.8%）高于男性（34.6%），当然，这也可能源自女性对安稳的工作和生活状态的需求。

（2）年龄与将新闻作为终身职业的意愿

卡方检验发现，不同年龄的被访者在将新闻作为终身职业的意愿上具有显著差异（p=0.000）。随着年龄增长，意愿逐渐增强，可以推测这是阅历和个人工作经历的定型带来的；但可以看到，在最初涉入新闻工作这一行业的时期，从事该行业的意愿浮动较大，尤其26～30岁的新闻从业者会有较强的不愿继续从事新闻行业的想法。

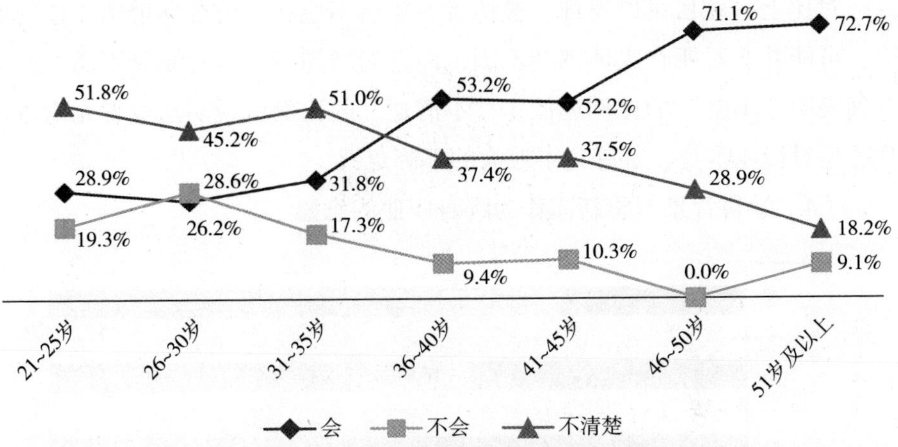

图58　年龄与是否将新闻作为终身职业

（3）职位与将新闻作为终身职业的意愿

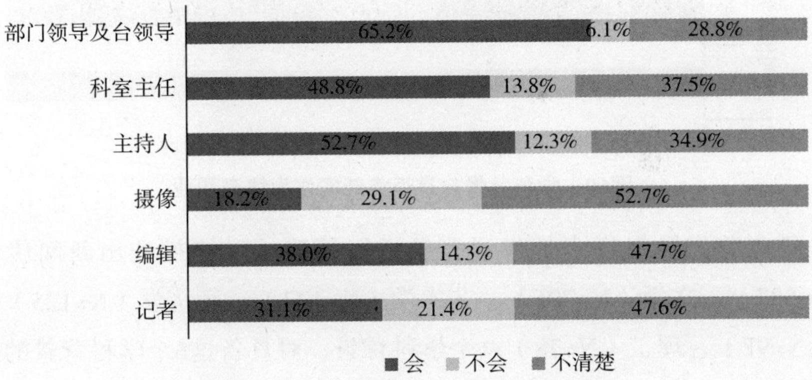

图59　职位与是否将新闻作为终身职业

卡方检验发现，不同职位的被访者在是否将新闻作为终身职业上具有统计显著的差异（p=0.000）。与“五年后是否在当前媒体继续工作”一致的是，主持人与领导层都更愿意将新闻作为终身职业，而编辑、记者的意愿相对较弱，摄像人员明确表示“不会”的比例（29.1%）超过了肯定的比例（18.2%），是各职位中对新闻行业黏性最低的一类，其表示“不清楚”的比例（52.7%）也远高于其他职位。

对比上一题目可以发现，被访者五年后不愿在当前媒体继续工作的原因，可能并非对所在媒体感到不满，而是对新闻行业本身感到不满。然而明确表明“不会”的比例远低于“不清楚”的比例，说明从业者无论对自身还是对行业本身，都感到了较大的不确定性。

（4）学科背景与将新闻作为终身职业的意愿

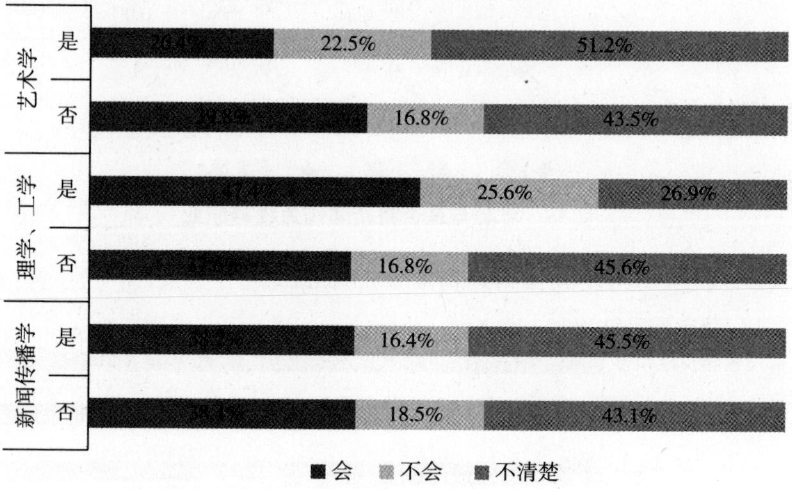

图60　学科背景与是否将新闻作为终身职业

研究首先针对样本的学科背景进行筛选，最终挑选出新闻传播学（N=587）、文学（N=206）、艺术学（N=129）、经济学（N=125）、外语（N=97）、理工（N=78）六个学科背景，对具备这6个学科背景的从业者继续其职业的意愿进行检验。

结果发现，新闻传播学、经济学、文学、外语学科背景对于是否会把新闻作为终身职业的选择上没有太大的差异，无论是否具备相应学科背景，其选择大多集中于“会”和“不清楚”（约45%左右）。

相对而言，理学、工学（p=0.005）和艺术学（p=0.011）学科背景在该选项上显示出较大差异。交互分析发现，理工科背景的新闻从业者对于把新闻工作作为终身职业的意愿更加明确，比例达到了47.4%；而艺术类背景的新闻从业者将新闻工作作为终身职业的意愿更为模糊，其中超过半数具有该学科背景的人选择了“不清楚”，占比为51.2%。

这说明，作为专业培养新闻从业者的新闻传播学，并没有培养出对新闻行业有着更高忠诚度的从业者。

（5）媒体级别与将新闻作为终身职业的意愿

卡方检验发现，不同媒体级别的被访者在将新闻作为终身职业的意愿上具有显著差异（p=0.004）。省级媒体的新闻从业者会把新闻工作作为终身职业的比例更低，只有35.2%，远远低于国家级媒体（46.5%）和地市级媒体（42.8%）。

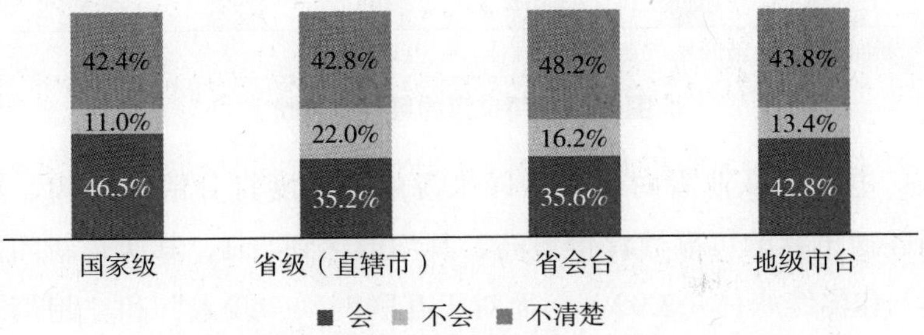

图61　媒体级别与是否将新闻作为终身职业

二、主要新闻来源及其可靠性评价

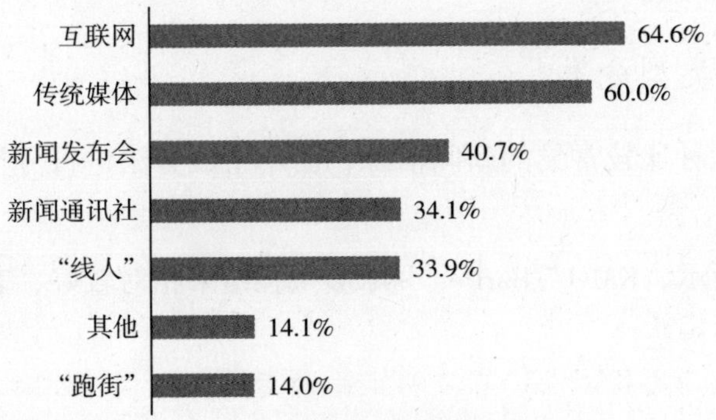

图62　主要的新闻来源

在数字时代下，互联网已经成为新闻从业者一个重要的信源渠道，其比例（64.6%）甚至超过了传统媒体（60.0%）。此外，新闻发布会（40.7%）、新闻通讯社（34.1%）等传统的官方信源仍是新闻人获取信息的重要渠道，而“线人”（33.9%）也是新闻人社会网络中一个较为重要的节点。相对而言，“跑街”这一获取信息的方式占比仅为14%。

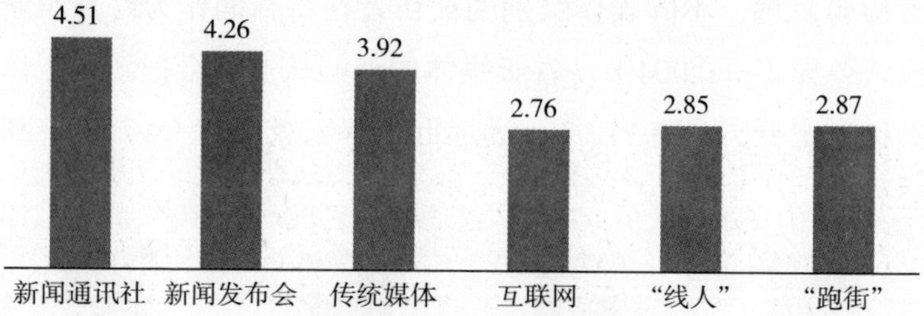

图63　新闻来源的可信度评价

从广电新闻从业者对各类新闻来源的可信度打分情况可知，新闻人对于新闻通讯社的可靠性评价最高，其均值达到4.51，其次是新闻发布会（4.26）和传统媒体（3.92）；而对于互联网、“线人”和“跑街”三项来源的可靠性评价较低（均低于3），互联网做为最主要的信源渠道，却是可信度评价最低的新闻来源，这说明即便当前广电新闻从业者会通过网络寻找新闻，但却保持着较高的警惕。然而，这也增加了虚假新闻的风险，对从业者编辑的核查能力有较高要求。其中，互联网的平均分仅有2.76，是所有新闻来源中可靠性平均值最低的。

1. 信源类型分类

针对这六种比较常见的新闻信源，使用主成分法进行分类，可以得到如下结果。

如表35所示，KMO与Bartlett’s球形检验结果相对较好，表明该问题适宜使用因子分析法。

表35　　　　　　　　　KMO 和Bartlett's球形检验

KMO 取样适切性量数		.617
Bartlett's球形检验	上次读取的卡方	1451.119
	自由度	15
	显著性	.000

表36　　　　　　　　　总方差解释

组件	初始特征值			提取载荷平方和			旋转载荷平方和		
	总计	方差百分比	累积百分比	总计	方差百分比	累积百分比	总计	方差百分比	累积百分比
1	2.122	35.369	35.369	2.122	35.369	35.369	2.119	35.320	35.320
2	1.665	27.749	63.118	1.665	27.749	63.118	1.668	27.799	63.118
3	.929	15.487	78.606						
4	.498	8.307	86.913						
5	.415	6.910	93.823						
6	.371	6.177	100.000						

提取方法：主成分分析。

最终的因子共解释了总体变差的63%，分析结果较好。

表37　　　　　　　　　旋转后的成分矩阵a

	组件	
	1	2
新闻发布会	.840	
新闻通讯社	.830	
传统媒体	.790	
"线人"		.872
"跑街"		.833
互联网		.427

提取方法：主成分分析。

旋转方法：Kaiser 标准化最大方差法。

a. 旋转在 3 次迭代后已收敛。

从因子分析结果可以看到，六类主要的新闻信源可以大致分成两大类，一类是较为正式的新闻来源，主要是专业媒体，包括新闻发布会、新闻通讯社和传统媒体；一类是“民间来源”，包括“线人”、“跑街”和互联网。

表38　　　　　　　　配对样本检验

	配对差值					t	自由度	显著性（双尾）
	平均值（E）	标准偏差	标准误差平均值	差值的95%置信区间				
				下限	上限			
正式来源–民间来源	1.38	1.08	.033	1.32	1.45	41.73	1060	.000

对这两大类信源进行可信度比较，如表38所示，与民间信源（$\overline{X}$=2.84，n=1061）相比，记者对于正式新闻源（$\overline{X}$=4.23，n=1061）有更高的信任感。这种差距有统计上的显著性。

2. 是否持有记者证对不同信源的信任度差异

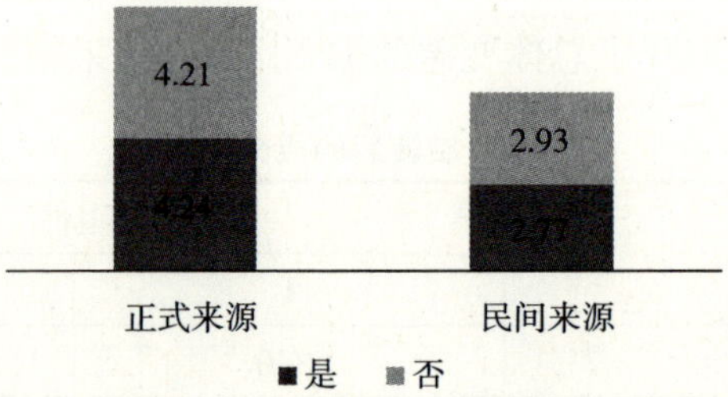

图64　是否持有记者证对不同信源的信任度差异

如图64所示，不论是否持有记者证，记者们对于正式的新闻来源都具有更高程度的信任。持证、未持证记者在正式新闻来源的信任程度上没有统计显著的差异，但值得注意的是，在“民间来源”上，未持证记者的信任水平要比持证记者略高（α=0.05，差异=0.07～0.24），且差异在统计上具有显著性。但总体看来，两个群体对于民间新闻来源仍然处于不信任的情况（$\bar{X}$<3）。

3. 从业年龄对不同信源的信任度差异

如下表所示，在受访群体中，不同从业年龄（即从事新闻行业多少年）分组之间，在正式来源信任水平上存在统计显著的差异，但在民间来源水平上差异不显著。

表39　　方差分析表

		平方和	df	均方	F	显著性
正式来源信任水平	组之间	3.81	3.00	1.27	3.17	.02
	组内	433.78	1083.00	.40		
	总计	437.59	1086.00			
民间来源信任水平	组之间	2.22	3.00	.74	1.65	.18
	组内	466.12	1042.00	.45		
	总计	468.34	1045.00			

具体表现为，新晋从业者（从业5年以下）对于正式来源的信任水平要高于从业在5～20年的从业者群体，但新晋从业者与经验从业者（从业20年）之间不存在统计显著的差异。

表40　　多重比较

因变量	（I）从业年数	（J）从业年数	平均差（I–J）	标准错误	显著性	95%置信区间	
						下限值	上限
正式来源信任水平	5年以下	5～10年	.17*	.06	.00	.06	.28
		10～20年	.12*	.05	.02	.02	.22
		20年及以上	.11	.07	.09	–.02	.25

* 均值差的显著性水平为0.05。

4. 学历对不同信源的信任度差异

方差分析显示，不同学历层次的新闻从业者对于两类新闻来源的信任程度存在统计显著的差异。

表41　　方差分析表

		平方和	df	均方	F	显著性
正式来源信任水平	组之间	2.97	2.00	1.48	3.72	.02
	组内	435.90	1093.00	.40		
	总计	438.87	1095.00			
民间来源信任水平	组之间	3.00	2.00	1.50	3.36	.04
	组内	470.65	1054.00	.45		
	总计	473.65	1056.00			

其中，大专及以下学历的新闻从业者对于正式新闻来源的信任程度要比本科以上教育背景的新闻从业者低；相应的，硕士及以上群体对于民间新闻来源的信任水平要比本科及以下教育背景的新闻从业者低。可以看到，随着学历层次的上升，新闻从业者对于新闻来源的信任程度产生了变化。总体来说，更高的教育程度倾向于更加相信正式的消息来源。

表42　　多重比较

因变量	（I）您的最高学历是?	（J）您的最高学历是?	平均差（I–J）	标准错误	显著性	95%置信区间	
						下限值	上限
正式来源信任水平	大专及以下	本科	–.22*	.08	.01	–.37	–.06
		硕士及以上	–.22*	.09	.02	–.39	–.04
	本科	大专及以下	.22*	.08	.01	.06	.37
		硕士及以上	.00	.05	.99	–.10	.10
	硕士及以上	大专及以下	.22*	.09	.02	.04	.39
		本科	.00	.05	.99	–.10	.10
民间来源信任水平	大专及以下	本科	.09	.09	.31	–.08	.26
		硕士及以上	.21*	.10	.03	.02	.41
	本科	大专及以下	–.09	.09	.31	–.26	.08
		硕士及以上	.12*	.05	.02	.02	.23
	硕士及以上	大专及以下	–.21*	.10	.03	–.41	–.02
		本科	–.12*	.05	.02	–.23	–.02

* 均值差的显著性水平为 0.05。

三、对新闻价值的判断

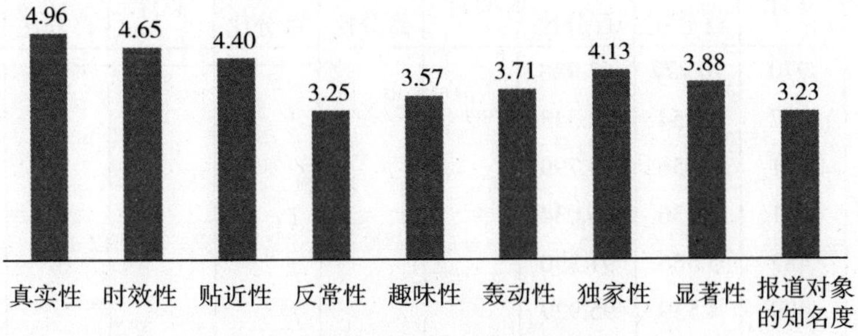

图65　新闻价值的重要性判断

如图65所示，绝大多数新闻从业者在评价新闻价值重要性时认为“真实性”最重要，均值为4.96（最高分为5），明显高于其他新闻价值，“反常性”和“报道对象的知名度”的重要性最低，均值分别为3.25和3.23。

使用主成分法对9种新闻理论中常被提及的新闻价值（要素）进行分类，可以得到如下结果。

表43　KMO 和Bartlett’s球形检验

KMO 取样适切性量数		.770
Bartlett’s球形检验	上次读取的卡方	2452.099
	自由度	36
	显著性	.000

因子分析的KMO与Bartlett’s球形检验结果较好，可以进行因了分析；最终的分析结果共产生两个因子，解释了总变差的约52%。

表44　总方差解释

组件	初始特征值			提取载荷平方和			旋转载荷平方和		
	总计	方差百分比	累积百分比	总计	方差百分比	累积百分比	总计	方差百分比	累积百分比
1	3.194	35.493	35.493	3.194	35.493	35.493	3.003	33.372	33.372
2	1.550	17.219	52.711	1.550	17.219	52.711	1.741	19.340	52.711

续表

组件	初始特征值			提取载荷平方和			旋转载荷平方和		
	总计	方差百分比	累积百分比	总计	方差百分比	累积百分比	总计	方差百分比	累积百分比
3	.970	10.777	63.488						
4	.797	8.854	72.343						
5	.671	7.456	79.799						
6	.561	6.236	86.034						
7	.482	5.356	91.390						
8	.409	4.539	95.929						
9	.366	4.071	100.000						

提取方法：主成分分析。

如下表所示，新闻从业者对于新闻价值的认知主要分为两类，一类是新闻本身可以成为新闻事件的特质性要素（见下表“组件1”），另一类则是中国新闻理论中比较强调的新闻理论性要素。

旋转后的成分矩阵a

	组件	
	1	2
轰动性	.785	
独家性	.741	
显著性	.711	
报道对象的知名度	.659	
反常性	.641	
趣味性	.616	
时效性		.801
贴近性		.752
真实性		.676

提取方法：主成分分析。

旋转方法：Kaiser 标准化最大方差法。

a. 旋转在 3 次迭代后已收敛。

具体对两类新闻价值的重要性认知进行比较可以看到，新闻从业者基本将新闻理论要素置于更重要的位置（$\overline{X}$=4.66，n=1088），而新闻事件的特质性要素则相对没有那么重要（$\overline{X}$=3.63，n=1061）。这种重要性的差异在统计上显著。

表45　　配对样本检验

	配对差值					t	自由度	显著性（双尾）
	平均值（E）	标准偏差	标准误差平均值	差值的95%置信区间				
				下限	上限			
特质要素–理论要素	–1.04	.69	.02	–1.08	–.99	–49.51	1087	.000

1. 是否持有记者证对新闻价值判断的差异

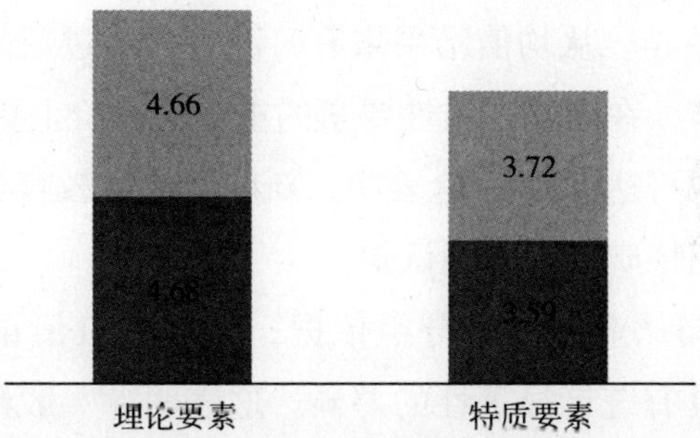

图66　是否持有记者证对新闻价值判断的差异

均值比较结果显示，新闻从业者对于两种类型新闻价值的认知，随着其持证情况的不同而有不同：总体上，在理论要素上，所有从业者都有较高的重要性认知，且（持证、不持证）两者之间不存在统计显著的差异；但在特质要素上，两者之间存在统计显著的差异（p=0.000）。未持记者证的从业者群体在特质要素上的认知，要比持证记者高，该差异在统计上显著，在均值上更接近中间值3。这意味着未持证的记者在报道取向上可能会更偏向这些新闻特质。

2. 学科背景对新闻价值判断的差异

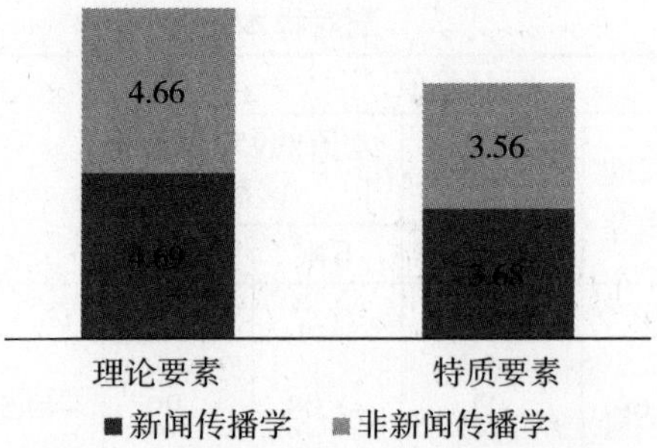

图67　学科背景对新闻价值判断的差异

均值比较结果显示，有无新闻传播学教育背景的从业者，在新闻理论要素价值方面的认知没有统计显著的差异，但在新闻特质要素价值方面，存在统计显著的差异。从均值结果来看，没有接受过新闻传播学学科教育的新闻从业者群体，在新闻特质性要素的重要性评价上更低（ α =0.05，差异的置信区间上限可达0.2）。这表明，新闻专业的教育可能会相对提高新闻从业者对于新闻特质性要素的认知。

此外，以新闻从业年龄为分组依据，对新闻价值重要性认知进行比较，未显现任何具有统计显著性的差异。这表明，一般情况下，新闻从业时长对于从业者对新闻价值的认知不会产生太大影响；且新闻从业者在新闻价值认知上不存在（工作上的）代际差异。

以新闻从业者的年龄为分组依据，对新闻价值重要性认知进行比较，可以看到，组别之间基本不存在显著差异。这表明，新闻从业者在新闻价值认知上不存在（年龄上的）代际差异。

四、新闻工作中可能的影响因素

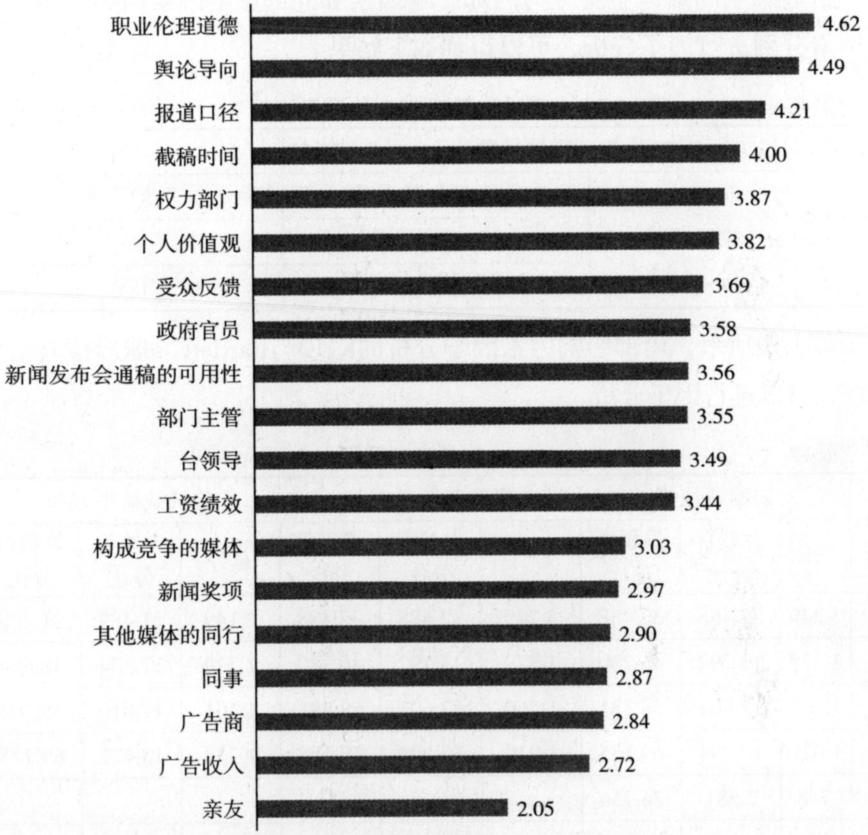

图68　不同因素对新闻工作的影响程度

为了解影响新闻工作的因素及其程度，研究分别从政治、经济、组织、技术、个体等层面设计了19个条目，其中1分表示没有影响，5分表示强烈影响。

如图68所示，在新闻工作可能的影响因素中，“职业伦理道德”的影响程度最高，均值为4.62，说明广电新闻从业者在工作中极为重视职业伦理道德。同时，“舆论导向”和“报道口径”排在第二、第三位，分别为4.49和4.21，新闻工作中被访者较少考虑“广告商”、“广告收入”和“亲友”等因素，其均值分别为2.84、2.72和2.05。

这些影响因素，主要分为内部影响因素和外部影响因素两类。对这两类因素分别进行因了分析，可以得到如下结果。

表46　　KMO 和Bartlett’s球形检验

KMO 取样适切性量数		.734
Bartlett’s球形检验	上次读取的卡方	2183.788
	自由度	45
	显著性	.000

如上表所示，内部影响因素因子分析的KMO与Bartlett’s球形检验结果较好，可以进行因子分析。

表47　　总方差解释

组件	初始特征值			提取载荷平方和			旋转载荷平方和		
	总计	方差百分比	累积百分比	总计	方差百分比	累积百分比	总计	方差百分比	累积百分比
1	3.249	32.488	32.488	3.249	32.488	32.488	2.149	21.489	21.489
2	1.379	13.792	46.280	1.379	13.792	46.280	1.720	17.204	38.694
3	1.260	12.601	58.881	1.260	12.601	58.881	1.701	17.010	55.704
4	1.029	10.294	69.175	1.029	10.294	69.175	1.347	13.472	69.175
5	.758	7.581	76.756						
6	.579	5.789	82.546						
7	.537	5.369	87.915						
8	.511	5.108	93.023						
9	.471	4.714	97.738						
10	.226	2.262	100.000						

提取方法：主成分分析。

因子分析最后的结果，将内部影响因素分为4个因子，共解释了总变差的约69%，解释度良好。

表48　　旋转后的成分矩阵a

	组件			
	1	2	3	4
台领导	.904			
部门主管	.899			
同事	.576			
工资绩效		.804		
广告收入		.773		
截稿时间			.758	
新闻发布会通稿的可用性			.734	
舆论导向			.585	
个人价值观				.811
职业伦理道德				.774

提取方法：主成分分析。

旋转方法：Kaiser 标准化最大方差法。

a. 旋转在 6 次迭代后已收敛。

从表48可以看到，最终的内部影响因素可以分为4大类；按照其内容，可以将其由贡献率高低分别命名为组织因素（包括台领导、部门领导和同事）、经济因素（工资收入、广告收入）、实践因素（截稿时间、通稿可用性、舆论导向）和价值观因素（个人价值观、职业伦理道德）。其中，组织因素所占的贡献度最大。

外部影响因素因子分析结果如下。

表49　　KMO 和Bartlett's球形检验

KMO 取样适切性量数		.760
Bartlett's球形检验	上次读取的卡方	4065.343
	自由度	36
	显著性	.000

如上表所示，因子分析的KMO与Bartlett's球形检验结果较好，说明数据适宜进行因子分析。

表50　　总方差解释

组件	初始特征值			提取载荷平方和			旋转载荷平方和		
	总计	方差百分比	累积百分比	总计	方差百分比	累积百分比	总计	方差百分比	累积百分比
1	3.560	39.558	39.558	3.560	39.558	39.558	2.841	31.565	31.565
2	1.656	18.397	57.955	1.656	18.397	57.955	2.375	26.391	57.955
3	.999	11.096	69.051						
4	.764	8.485	77.536						
5	.649	7.216	84.752						
6	.520	5.775	90.527						
7	.465	5.164	95.691						
8	.210	2.335	98.026						
9	.178	1.974	100.000						

提取方法：主成分分析。

最终，因子分析得到的两个因子可以解释所有变差的57%，解释力度良好。

表51　　旋转后的成分矩阵a

	组件	
	1	2
其他媒体的同行	.855	
构成竞争的媒体	.821	
新闻奖项	.683	
亲友	.604	
广告商	.549	.401
受众反馈	.500	
权力部门		.912
政府官员		.863
报道口径		.753

提取方法：主成分分析。

旋转方法：Kaiser 标准化最大方差法。

a. 旋转在 3 次迭代后已收敛。

最终形成的两个因子，分别为“竞争反馈因素”和“政治因素”。其中，竞争包括同行竞争、奖项竞争、广告竞争；反馈包括亲友的反馈和受众的反馈。这些事实上都是媒体经营效果的外在显示，是媒体自身可以改变掌控的，而政治因素则是媒体无法控制的。

1. 性别与工作影响因素

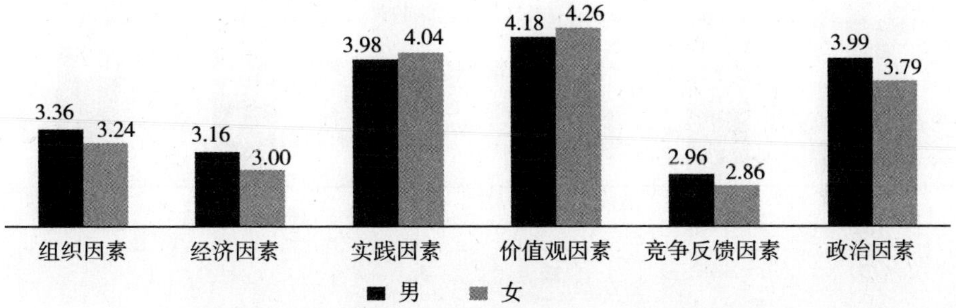

图69　不同性别对工作影响因素的考虑程度差异

如图69所示，被访者主要考虑的因素集中在实践因素和价值观因素上，而较少考虑竞争反馈因素。均值比较结果显示，男性、女性新闻从业者在工作中，对于各类因素的考虑、影响程度是有差别的。在新闻报道中，男性相对认为自己会更多地考虑单位中的组织关系，也更会考虑到经济因素的影响；相应的，女性在工作中认为自己会相对更多地考虑价值观因素的影响（需要注意的是，男性和女性其实在绝对水平上都会很重视、考虑“价值观因素”）。而在影响新闻的外部因素方面，男性在两个因子上均高于女性，也就说明，在自我认知上，男性认为自己相对地更重视外部因素对于自身工作的竞争反馈，且更容易被政治因素所影响。

2. 是否持有记者证与工作影响因素

均值比较结果显示，研究列出的所有影响因素几乎都可能对新闻从业者的新闻工作实践产生影响。而对于持证记者与非持证记者来说，两个群体在经济因素和竞争反馈因素上，表现出了统计显著的差异。持证记者相较非持证记者，会更少地考虑到经济收入所带来的影响，其样本均值差距达到了0.3。此外，在“竞争反馈”因素上，持证记者也会相对更少地考虑该因素的影响。这可能与工作单位对于不同类型记者的激励制度不同有关。

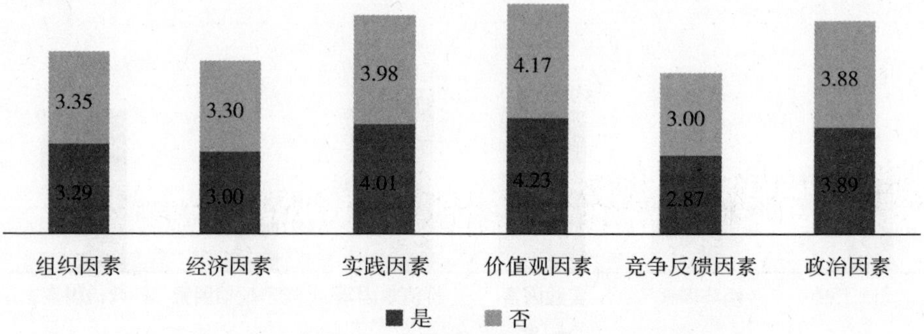

图70　是否持有记者证对工作影响因素的考虑程度差异

3. 职称与工作影响因素

方差分析显示，在收入因素上，不同职称的新闻群体对其考虑程度有所不同，这种差异在统计上显著。

表52　　方差分析表

		平方和	df	均方	F	显著性
经济因素	组之间	9.95	3.00	3.32	2.84	.04
	组内	1083.41	926.00	1.17		
	总计	1093.36	929.00			

具体表现为，高级职称的新闻从业者相比初级、尚未评定职称的新闻从业者，更少地考虑经济因素的影响。这种情况可能与近些年媒体市场化导致的工作制度变更等情况有关。

4. 学历与工作影响因素

分析发现，新闻从业者的学历对其对于各项因素的考虑有相对显著的作用。不同学历的主要差异表现在对组织因素、经济因素、价值观因素和竞争反馈等因素的考虑上，详见下表。

表53　　方差分析表

		平方和	df	均方	F	显著性
组织因素	组之间	3.49	2.00	1.74	2.43	.09
	组内	729.58	1017.00	.72		
	总计	733.07	1019.00			
经济因素	组之间	10.36	2.00	5.18	4.43	.01
	组内	1082.70	926.00	1.17		
	总计	1093.06	928.00			
实践因素	组之间	1.97	2.00	.99	2.20	.11
	组内	470.71	1050.00	.45		
	总计	472.68	1052.00			
价值观因素	组之间	10.72	2.00	5.36	11.29	.00
	组内	500.29	1054.00	.47		
	总计	511.01	1056.00			
竞争反馈因素	组之间	5.21	2.00	2.61	4.63	.01
	组内	626.98	1113.00	.56		
	总计	632.19	1115.00			
政治因素	组之间	.45	2.00	.23	.30	.74
	组内	831.00	1120.00	.74		
	总计	831.45	1122.00			

这些差异具体表现为：硕士及以上学历的新闻从业者在工作中相对更少考虑组织因素、经济因素及竞争反馈因素；而本科生相对更重视组织因素、价值观因素可能产生的影响；大专及以下学历的从业者更多考虑经济和竞争反馈因素。

表54　　多重比较

因变量	(I)最高学历	(J)最高学历	平均差(I-J)	标准错误	显著性	95%置信区间	
						下限	上限
组织因素	本科	大专及以下	.11	.11	.33	-.11	.32
		硕士及以上	.15*	.07	.04	.01	.28
经济因素	大专及以下	本科	.14	.14	.34	-.14	.42
		硕士及以上	.39*	.16	.02	.07	.70
实践因素	本科	大专及以下	.09	.09	.29	-.08	.26
		硕士及以上	.10	.05	.06	.00	.21
价值观因素	本科	大专及以下	.38*	.09	.00	.21	.56
		硕士及以上	.14*	.06	.01	.03	.25
竞争反馈因素	大专及以下	本科	.26*	.10	.01	.07	.45
		硕士及以上	.33*	.11	.00	.11	.54
政治因素	硕士及以上	大专及以下	.09	.12	.46	-.15	.33
		本科	.04	.07	.58	-.10	.17

* 均值差的显著性水平为 0.05。

5. 学科背景与工作影响因素

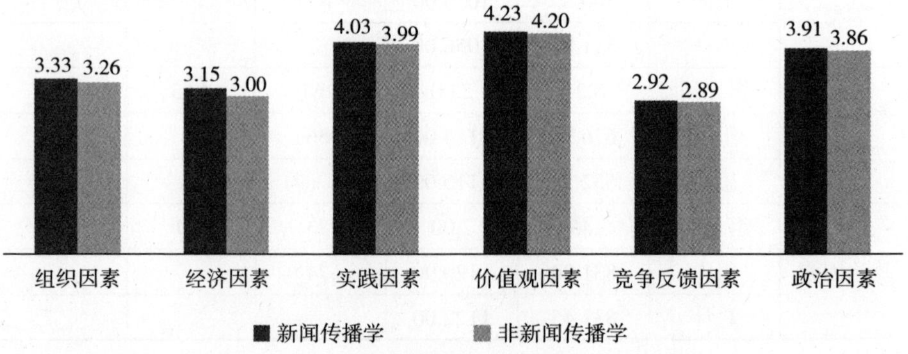

图71　学科背景对工作影响因素的考虑程度差异

如图71所示，是否出身于新闻传播学专业背景并不影响被访者在工作中主要考虑哪方面的影响因素。然而，均值比较结果仅发现，在经济这一因素上，具有新闻专业教育背景的人会相对更多地考虑经济所带来的影响，该差异在统计上显著（p=0.03）。

表55　独立样本检验

		列文方差相等性检验		平均值相等性的t检验						
		F	显著性	t	自由度	显著性（双尾）	平均差	标准误差差值	差值的95%置信区间 下限	差值的95%置信区间 上限
经济因素	已假设方差齐性	1.97	.16	2.19	924.75	.03	.16	.07	.02	.29
	未假设方差齐性			2.19	916.48	.03	.16	.07	.02	.29

这一结果一方面可能反映了当前新闻传播教育的问题，专业背景出身的记者对于物质方面的考虑高于其他新闻从业者；另一方面也可能暗示了经过专业教育后来到对口方向的从业者，对各方面的期待都高于其他从业者，然而这些期待尤其在经济方面并没有得到相应的满足。如果说具备专业背景的从业者并不能在经济方面得到满足，那么当前新闻传播教育的问题就不止出现在新闻理想教育的方面，其在工作技能方面的教育也可能存在一定缺憾，导致其并不能在职业发展上使专业优于非专业。

五、影响新闻报道的因素的变化

为了解影响新闻工作因子在时间上的变化程度，我们从政治、经济、技术、媒介组织以及受众等维度设计了12个条目，其中，1分表示强烈减少，5分表示强烈增强。如图72所示，从各个条目的平均值来看，新闻从业者大致认为“突发事件报道的时效性”、“社交媒体中的信息”、“媒体之间的竞争”、“媒体经营压力”以及“用户生成内容”等因素对新闻报道的影响是明显增强的，均值都超过4，其他因素的均值低于4，可以推测这些因素对新闻报道的影响在时间维度上呈现增强的趋势。

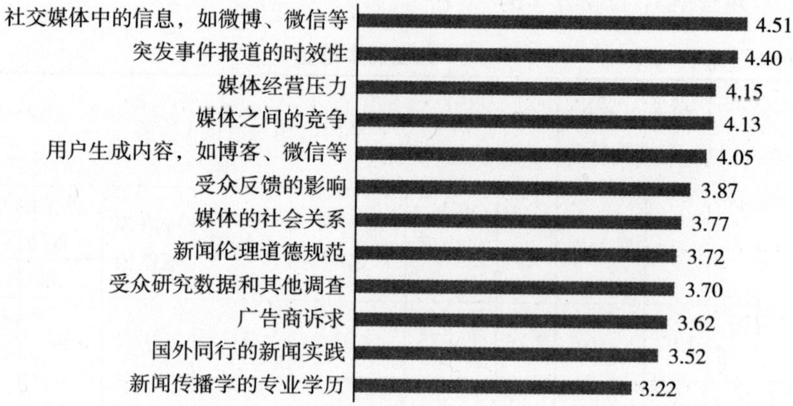

图72　影响新闻报道因素的变化程度

然而“新闻传播学的专业学历”变化最小，在愈发强调专业化的媒介市场当中，对专业学历的需求却没有随之增强，说明新闻传播的学科建设可能并没有与媒介市场发展齐头并进。

六、新闻从业者自身因素的变化

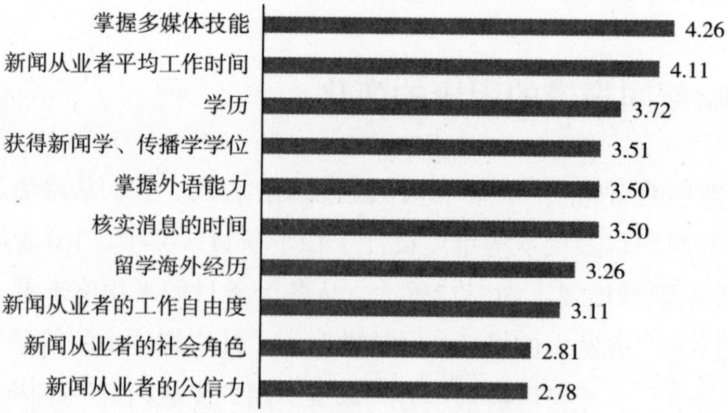

图73　新闻从业者自身因素的变化程度

为了解新闻从业者自身因素的变化程度，分别从教育、技能、新闻报道工作流程以及新闻的社会角色等方面考虑，设计了10个条目，其中1分表示下降很多，5分表示提高很多，3分表示维持原状。

如图73所示，当前新闻从业者的多媒体技能提高最为明显，平均工作时间大幅提高，学历增强也较为明显；除此之外，专业学位、外语能力、海外留学经历、工作自由度等都略有提高；然而，新闻从业者的社会地位却在下降，包括其所承担的社会角色以及公信力。

针对以上条目进行因子分析，可得到如下结果。

表56　　KMO 和Bartlett' s球形检验

KMO 取样适切性量数		.728
Bartlett' s球形检验	上次读取的卡方	3741.684
	自由度	45
	显著性	.000

如上表所示，因子分析的KMO与Bartlett' s球形检验结果较好，可以进行因子分析。

表57　　总方差解释

组件	初始特征值			提取载荷平方和			旋转载荷平方和		
	总计	方差百分比	累积百分比	总计	方差百分比	累积百分比	总计	方差百分比	累积百分比
1	3.284	32.838	32.838	3.284	32.838	32.838	2.533	25.330	25.330
2	1.921	19.212	52.050	1.921	19.212	52.050	2.419	24.194	49.525
3	1.114	11.136	63.186	1.114	11.136	63.186	1.366	13.661	63.186
4	.902	9.024	72.209						
5	.784	7.836	80.046						
6	.599	5.987	86.033						
7	.553	5.532	91.565						
8	.319	3.195	94.760						
9	.302	3.025	97.784						
10	.222	2.216	100.000						

提取方法：主成分分析。

最终，因子分析得到的两个因子可以解释所有变差的63%，解释力度良好。

表58　表旋转后的成分矩阵a

	组件		
	1	2	3
留学海外经历	.817		
获得新闻学、传播学学位	.803		
掌握外语能力	.746		
学历	.735		
新闻从业者的公信力		.886	
新闻从业者的社会角色		.875	
新闻从业者的工作自由度		.747	
核实消息的时间		.503	
新闻从业者平均工作时间			.768
掌握多媒体技能			.747

提取方法：主成分分析。

旋转方法：Kaiser 标准化最大方差法。

a. 旋转在 4 次迭代后已收敛。

因子分析将所有影响新闻从业者的自身因素分为三类，如表58所示，三类因子分别是受教育水平（组件1）、社会及职业认知（组件2）以及工作能力（组件3）。但通过样本的填答情况来看，对于因子分析贡献最大的教育水平因子，却并未得到大部分记者的认同。

1. 年龄与从业者自身因素变化

通过分析可以发现，不同年龄的新闻从业者群体对“社会及职业认知”的体验是有所不同的。

表59　方差分析表

		平方和	df	均方	F	显著性
教育水平	组之间	4.21	6.00	.70	1.28	.27
	组内	616.55	1122.00	.55		
	总计	620.76	1128.00			

续表

		平方和	df	均方	F	显著性
社会及职业认知	组之间	18.86	6.00	3.14	4.20	.00
	组内	844.52	1129.00	.75		
	总计	863.38	1135.00			
工作能力	组之间	2.05	6.00	.34	.77	.59
	组内	502.84	1131.00	.44		
	总计	504.89	1137.00			

具体来说，21～25岁的新闻从业者群体倾向于认为近些年从业者在“社会及职业认知”（公信力、社会角色、工作自由度、核实消息的实践）方面有所上升（$\overline{X}$=3.28，n=83），而41～45岁的群体则倾向于认为这些水平都在下降（$\overline{X}$=2.87，n=132），是所有年龄组别平均值中最低的。这可能与各年龄段新闻从业者所感知的社会及职业认知以及各自工作方式的不同等因素有关。

表60　　多重比较

因变量	（I）年龄	（J）年龄	平均差（I–J）	标准错误	显著性	95%置信区间	
						下限	上限
社会及职业认知	21～25岁	26～30岁	.32*	.11	.00	.11	.53
		31～35岁	.25*	.10	.02	.04	.46
		36～40岁	.05	.12	.69	–.18	.27
		41～45岁	.41*	.12	.00	.17	.65
		46～50岁	.24	.17	.15	–.09	.58
		51岁及以上	–.01	.18	.94	–.36	.33

2. 学历与从业者自身因素变化

方差分析显示，不同学历层次的新闻从业者在记者“社会及职业认知”变化的评价上存在统计意义上的显著不同。

表61　　方差分析表

		平方和	df	均方	F	显著性
教育水平	组之间	.03	2.00	.02	.03	.97
	组内	620.10	1124.00	.55		
	总计	620.13	1126.00			

续表

		平方和	df	均方	F	显著性
社会及职业认知	组之间	7.39	2.00	3.70	4.90	.01
	组内	852.35	1130.00	.75		
	总计	859.74	1132.00			
工作能力	组之间	1.23	2.00	.61	1.38	.25
	组内	502.01	1132.00	.44		
	总计	503.24	1134.00			

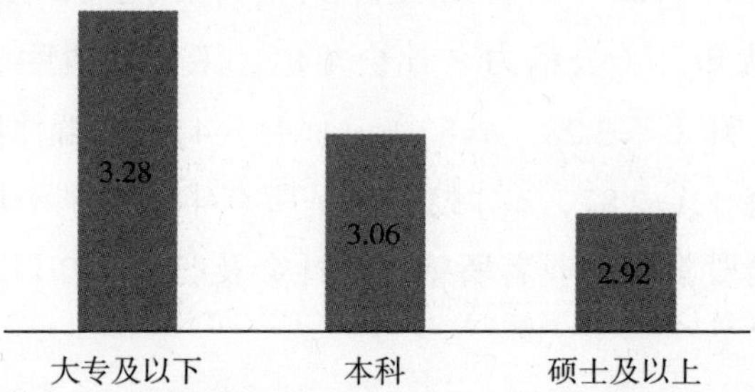

图74　不同学历对社会及职业认知变化的评价

如图75所示，大专及以下学历的被访者认为从业者的社会及职业认知略有提高（3.28），本科学历的认为没有变化（3.06），而硕士及以上学历的从业者则认为略有下降（2.92）。

表62　　多重比较

因变量	（I）您的最高学历是?	（J）您的最高学历是?	平均差（I–J）	标准错误	显著性	95%置信区间	
						下限值	上限
社会及职业认知	大专及以下	本科	.22*	.11	.04	.01	.43
		硕士及以上	.37*	.12	.00	.13	.60

* 均值差的显著性水平为 0.05。

多重比较结果显示，该指标的值随着学历的上升而下降，即随着学历的上升，被访者越来越倾向于认为新闻从业者在社会及职业认知上的下降，包括新闻从业者的公信力、社会角色、工作自由度等都不如从前，说明高学历从业者对当前的工作条件及工作的外部环境不甚满意。这也可能是高学历从业者对行业抱有更高期待造成的。

七、报道的自主性

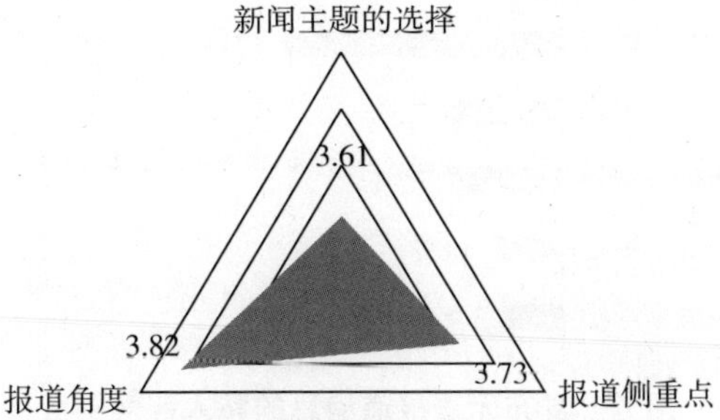

图75　被访者新闻报道中的自主性

在新闻报道中有多大的自主性这一问题中，分别从新闻主题选择、报道角度和报道侧重点三个层面考察新闻从业者的工作自主性，其中，1分表示没有自主性，5分表示完全自主。

由图可知，新闻从业者对三个选项的平均评分都高于3.5分（最高分5），表明广电新闻从业者在新闻报道中有一定的自主性，其中自主性最高的是“报道角度（3.82）”。可见，在采编流程中，新闻从业者可以相对自由地选择新闻报道角度，而新闻主题和侧重点则较多受到客观事实、意识形态和舆论环境的影响，只能在既定框架下选择报道角度。

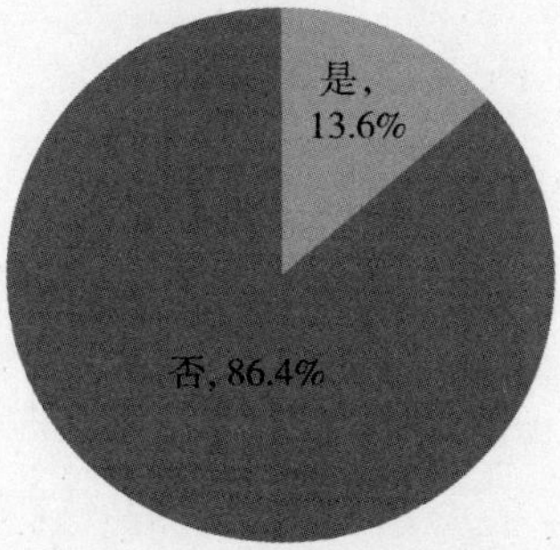

图76　被访者是否会通过私人账号发布媒体无法报道的消息

当某些消息无法在媒体报道时，仅有13.6%的被访者会通过私人账号发布这些消息。

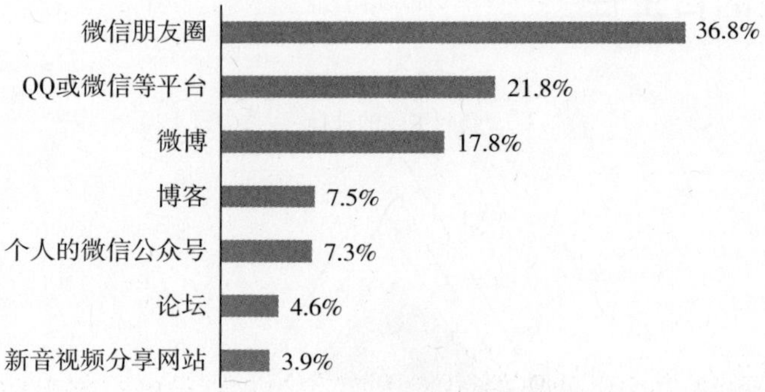

图77　发布无法报道消息的私人账号平台

其中，36.8%的被访者会选择微信朋友圈这一渠道，居所有自媒体平台之首，QQ或微信等平台以21.8%的占比排在第二位，第三位是微博（17.8%）。可以推测，对于媒体无法报道的消息，被访者更多选择在当下最常用的社交媒体上发布。

第七章

中国广电新闻从业者的职业道德观

近九成新闻从业者坚持在任何情况下遵守职业道德，但年轻人更倾向于将新闻职业道德置于具体情境中去；相比非新闻专业，新闻专业出身的被访者更倾向于严守职业道德。

被访者普遍认为新闻工作最重要的角色，是发挥新闻专业主义精神，做中立客观的记录者，如实报道新闻，平衡多方观点。

在各种有违职业道德的行为中，主动淡化不利于政府或其政策的新闻和暗访被认为在有些场合是正当的。

一、对职业道德的基本认知

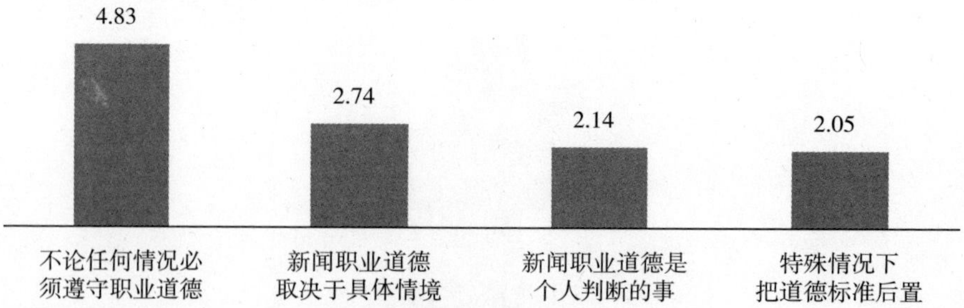

图78　被访者对职业道德的认知

调查数据显示，超过86%的受访者强烈同意“不论任何情况，记者必须遵守职业道德”，其整体均值达4.83（最高分5分），可见当前广电新闻从业者的职业道德意识很强。但是仍然可以看到在当前多元价值观的背景下，近24%的受访者并不同意“无论任何情况下，记者必须遵守职业道德”。

较少被访者认同“新闻职业道德取决于具体情境”、“新闻职业道德取决于个人判断”和“特殊情况下把新闻职业道德后置的做法是可以接受的”，其均值均低于3。

1. 年龄与对职业道德的认知

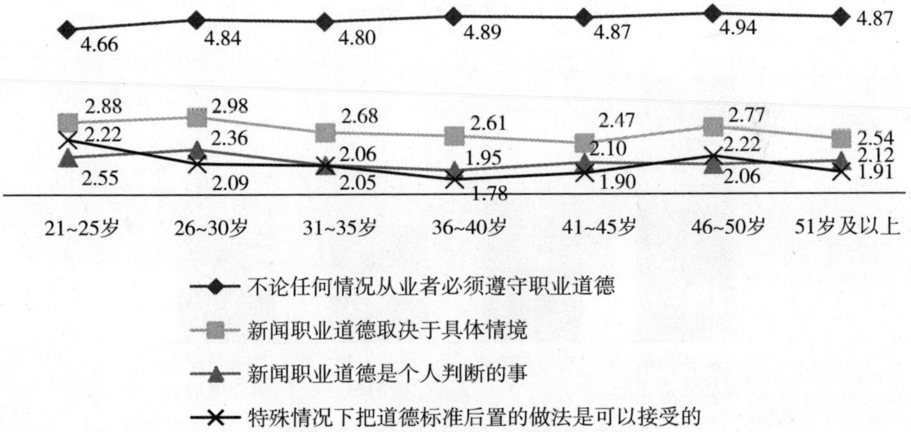

图79　被访者对职业道德的认知

如图79所示，不论年龄大小，被访者都更倾向于不论何时都严守职业道德。然而，斯皮尔曼相关分析发现，年龄与对职业道德的认识存在显著性统计关系（见表63）。总体来说，年龄越大，更倾向于不论何时都严格遵守职业道德，而年龄越小，更倾向于将新闻职业道德置于具体情境中去。说明年轻的新闻从业者对职业道德的认识更具多元性的解释，这可能与当前价值观的相对多元化有关。

表63　　相关性分析

		不论任何情况从业者必须遵守职业道德	新闻职业道德取决于具体情境	新闻职业道德是个人判断的事	特殊情况下把道德标准后置的做法是可以接受的
年龄	相关系数	.081**	.118**	-.093**	-.123**
	Sig.（双侧）	0.004	0.000	0.001	0.000
	N	1288	1277	1275	1274

** 在置信度（双测）为 0.01 时，相关性是显著的。

2. 学科背景与对职业道德的认知

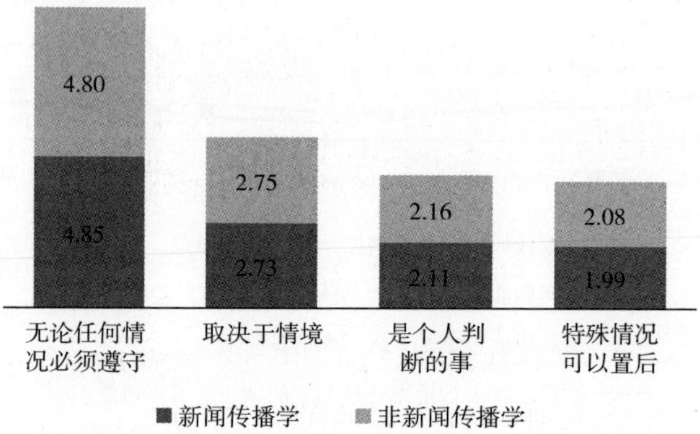

图80　是否新闻传播学背景对职业道德的认知

如图80所示，在“无论任何情况从业者必须遵守职业道德”这一问题上，新闻传播学专业出身的被访者比非新闻专业出身的被访者认同程度更高，其均值高达4.85分（最高分5分），可见经过新闻专业教育的被访者相对于非新闻专业被访者，其整体的职业道德水平较高。而在“新闻职业道德取决于具体的情境”、“新闻职业道德是个人判断的事”和“特殊情况下把道德标准后置的做法是可以接受的”这3个问题的看法上，非新闻传播学专业的被访者其均值都高于经过专业教育的被访者。这可能与新闻传播学专业出身的被访者在校接受的新闻职业道德教育比非此专业出身的被访者更多有关。同时可以看到，对于非新闻传播学专业出身的新闻从业者在工作中进行新闻职业道德的培训是非常有必要的。

表64 独立样本t检验

		方差方程的Levene检验		均值方程的t检验		均值差值	标准误差值	差分的95%置信区间	
		F	Sig.	t	df			下限	上限
不论任何情况从业者必须遵守职业道德	假设方差相等	9.882	0.002	–1.58	1133	–0.046	0.029	–0.102	0.011
	假设方差不相等			–1.568	1040.99	–0.046	0.029	–0.103	0.011

独立样本t检验的结果显示，相比非新闻传播学专业，新闻传播学专业出身的被访者更倾向于严守职业道德。这种差异存在统计上的显著性（p=0.002）。这说明，在当前的新闻传播学教育中，对职业道德的教育取得了一定成效。

二、新闻工作应承担的角色

如图81所示，问卷询问了被访者对新闻工作应当承担怎样的角色的认识。通过五级量表，列出了一些比较常见的对于新闻工作作用的认知。结果显示，在对新闻从业者的角色认知上，“如实报道新闻”得到普遍认同，均值达4.78，其次是“公正、冷静的旁观者”（4.61）、“解析新闻事件”（4.42）、“平衡地反映多方观点”（4.32）等，而“鼓励人们的政治参与”（3.23）、“提供文化娱乐”（3.30）和“设置政治议程”（3.35）三项的评分位列后三位，说明被访者普遍认为，新闻工作尽管在政治场域中起重要作用，但并不是政治宣传的工具，也无法干预政治议程的设置，而其娱乐性也并不被过多认可。

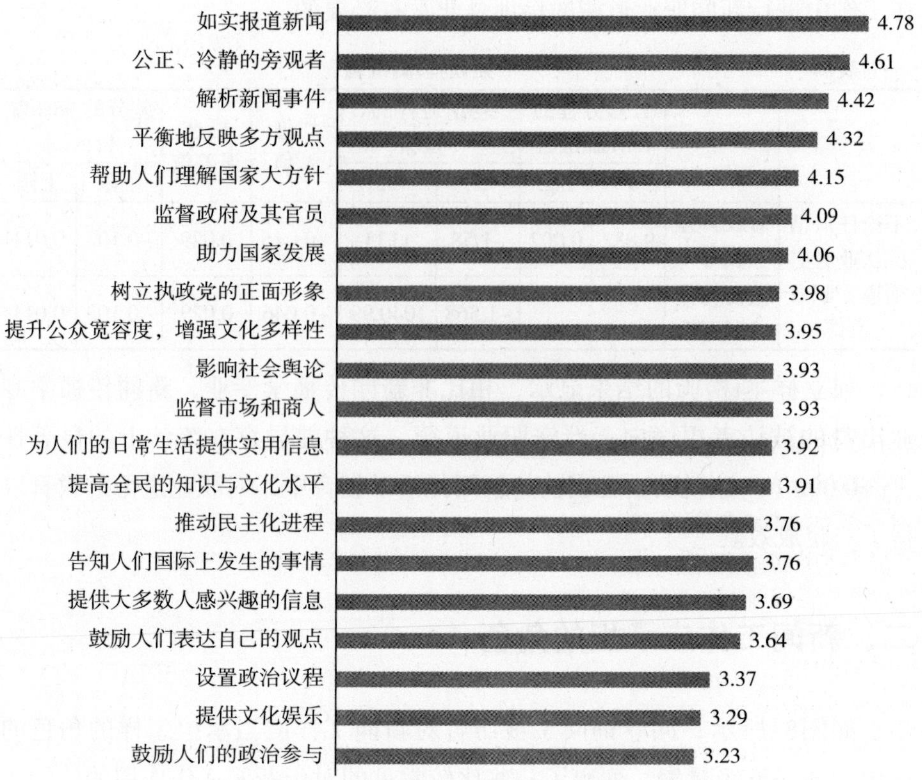

图81　被访者对新闻从业者角色的重要性判断

对这组量表进行因子分析，可以得到如下结果。

表65　　KMO和Bartlett’s球形检验

KMO 取样适切性量数		.900
Bartlett’s球形检验	上次读取的卡方	10709.941
	自由度	171
	显著性	.000

如上表所示，因子分析的KMO与Bartlett’s球形检验结果较好，说明数据适宜进行因子分析。

表66　总方差解释

组件	初始特征值			提取载荷平方和			旋转载荷平方和		
	总计	方差百分比	累积百分比	总计	方差百分比	累积百分比	总计	方差百分比	累积百分比
1	7.274	38.282	38.282	7.274	38.282	38.282	3.287	17.301	17.301
2	2.040	10.738	49.020	2.040	10.738	49.020	2.798	14.724	32.025
3	1.413	7.438	56.458	1.413	7.438	56.458	2.588	13.621	45.646
4	1.305	6.871	63.329	1.305	6.871	63.329	2.205	11.603	57.249
5	1.016	5.345	68.673	1.016	5.345	68.673	2.171	11.425	68.673
6	.782	4.115	72.788						
7	.629	3.309	76.097						
8	.552	2.905	79.002						
9	.550	2.896	81.898						
10	.515	2.712	84.610						
11	.462	2.430	87.040						
12	.436	2.293	89.332						
13	.349	1.835	91.168						
14	.338	1.779	92.947						
15	.322	1.694	94.641						
16	.296	1.559	96.200						
17	.288	1.516	97.716						
18	.226	1.190	98.906						
19	.208	1.094	100.000						

提取方法：主成分分析。

表67　旋转后的成分矩阵a

	组件				
	1	2	3	4	5
监督政府及其官员	.774				
监督市场和商人	.758				
设置政治议程	.733				

续表

	组件				
	1	2	3	4	5
推动民主化进程	.681				
影响社会舆论	.672				
提升公众宽容度，增强文化多样性		.809			
提高全民的知识与文化水平		.778			
告知人们国际上发生的事情		.763			
鼓励人们表达自己的观点		.614			
树立执政党的正面形象			.897		
助力国家发展			.825		
帮助人们理解国家大方针			.786		
提供大多数人感兴趣的信息				.848	
提供文化娱乐				.735	
为人们的日常生活提供实用信息				.716	
如实报道新闻					.821
公正、冷静的旁观者					.786
解析新闻事件					.554
平衡地反映多方观点					.505

提取方法：主成分分析。

旋转方法：Kaiser 标准化最大方差法。

a. 旋转在 6 次迭代后已收敛。

通过因子分析，最终聚出的5个因子一共解释了近69%的变差，是相对较好的结果。从中可以看到，记者对于新闻工作的认知大概分为五个层次：政治与监督、传播与告知、喉舌、生活与娱乐和专业主义的新闻。

作为专业的新闻从业者，被访者们普遍认为新闻工作最重要的角色，是发挥新闻专业主义精神做中立客观的记录者，如实报道新闻，平衡多方观点。其次，中国的新闻从业者作为党的喉舌，应树立执政党正面形象、帮助人们理解国家方针政策，助力国家发展；对于政治事务，新闻工作的主要任务是发挥监督作用，而非设置政治议程；此外，增强文化多样性、提高人民知识文化水平也被放在相对重要的位置；而娱乐作用则被认为一般重要。

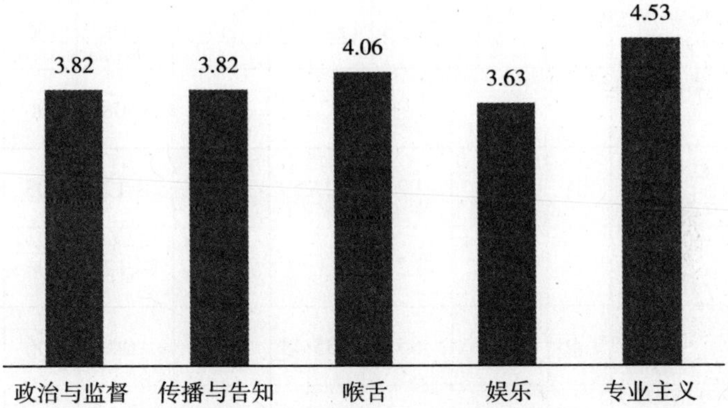

图82　新闻从业者五种角色的重要性判断

1. 是否持有记者证与新闻工作角色认知

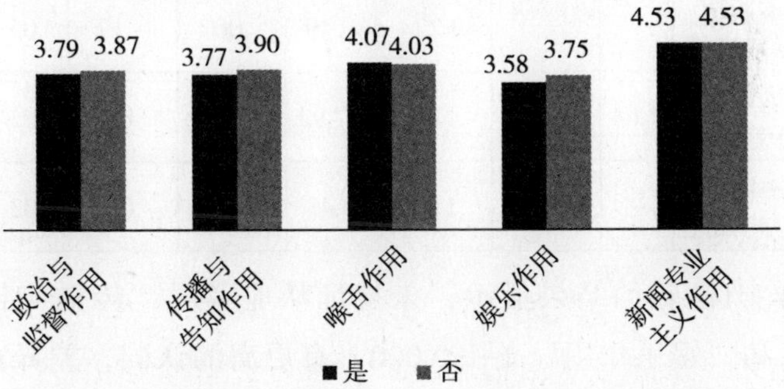

图83　是否持证在新闻从业者五种角色上的认知差异

均值比较结果显示，持证与未持证的新闻从业者群体在新闻工作意义的认知上稍有不同。未持证记者对新闻工作的娱乐作用认可度更高。

表68　独立样本检验

		列文方差相等性检验		平均值相等性的 t 检验						
		F	显著性	t	自由度	显著性（双尾）	平均差	标准误差差值	差值的95%置信区间	
									下限	上限
政治与监督作用	已假设方差齐性	.58	.45	–1.38	1124.09	.17	–.08	.06	–.18	.03
	未假设方差齐性			–1.35	497.61	.18	–.08	.06	–.19	.03
传播与告知作用	已假设方差齐性	.21	.65	–2.25	1127.59	.02	–.12	.05	–.23	–.02
	未假设方差齐性			–2.21	503.23	.03	–.12	.06	–.23	–.01
喉舌作用	已假设方差齐性	7.46	.01	.65	1135.43	.52	.04	.06	–.07	.15
	未假设方差齐性			.62	487.17	.53	.04	.06	–.08	.15
娱乐作用	已假设方差齐性	.06	.81	–3.20	1133.09	.00	–.17	.05	–.28	–.07
	未假设方差齐性			–3.22	530.49	.00	–.17	.05	–.28	–.07
新闻专业主义作用	已假设方差齐性	1.64	.20	.11	1127.92	.91	.00	.03	–.06	.07
	未假设方差齐性			.11	503.48	.91	.00	.03	–.06	.07

独立样本t检验的结果显示，未持证从业者对“传播与告知作用”（p=0.02）和“娱乐作用”（p=0.000）有更高的认同，差异在统计上显著。这可能意味着，未持证的从业者更有倾向成为“传播效果导向”型的从业者；与“新闻价值的重要性认知”部分的结果类似，其新闻传播活动可能更受“特质性要素”的支配。同时，未持证从业者更注重新闻的娱乐作用。

2. 从业年龄与新闻工作角色认知

方差分析显示，不同从业年龄的新闻从业者群体在新闻工作的“政治与监督作用”、“喉舌作用”上的认知存在显著性的差异。

表69　　　　方差分析表

		平方和	df	均方	F	显著性
政治与监督作用	组之间	5.57	3.00	1.86	2.81	.04
	组内	737.40	1117.00	.66		
	总计	742.97	1120.00			
传播与告知作用	组之间	3.82	3.00	1.27	1.97	.12
	组内	722.58	1120.00	.65		
	总计	726.40	1123.00			
喉舌作用	组之间	8.45	3.00	2.82	3.96	.01
	组内	801.40	1128.00	.71		
	总计	809.84	1131.00			
娱乐作用	组之间	5.11	3.00	1.70	2.61	.05
	组内	735.58	1126.00	.65		
	总计	740.69	1129.00			
新闻专业主义作用	组之间	.17	3.00	.06	.23	.87
	组内	275.95	1121.00	.25		
	总计	276.12	1124.00			

具体来看，从业年龄在20年及以上的新闻从业者，在新闻的“政治与监督作用”上的同意程度要低于5年以下及5～10年从业年龄的新闻从业者。其中，5年以下的新闻从业者在该方面上的平均水平要高于其他组别，总体呈现出随着从业年龄上升同意程度下降的趋势；而“喉舌作用”则与此相反，5年以下从业年龄的新闻从业者在同意程度上低于5～10年、10～20年从业年龄的从业者群体，尤以20年及以上的新闻从业者为最高，其均值水平总体上呈现出随着从业年龄上升而上升的趋势。

表70　多重比较

因变量	（I）从业年数	（J）从业年数	平均差（I–J）	标准错误	显著性	95%置信区间	
						下限	上限
政治与监督作用	5年以下	5～10年	.03	.07	.68	–.11	.17
		10～20年	.11	.07	.10	–.02	.23
		20年及以上	.23*	.09	.01	.06	.39
喉舌作用	20年及以上	5年以下	.28*	.09	.00	.11	.46
		5～10年	.11	.09	.20	–.06	.28
		10～20年	.19*	.08	.02	.04	.35

* 均值差的显著性水平为 0.05。

3. 年龄与新闻工作角色认知

方差分析结果显示，与从业时长分组结果类似，不同年龄的新闻从业者群体在“政治与监督作用”（p=0.04）和“喉舌作用”（p=0.03）的认知上存在差异。这和年龄与从业时长存在极强的一致性有关。

表71　方差分析表

		平方和	df	均方	F	显著性
政治与监督作用	组之间	8.71	6.00	1.45	2.19	.04
	组内	746.05	1126.00	.66		
	总计	754.76	1132.00			
传播与告知作用	组之间	7.21	6.00	1.20	1.86	.08
	组内	728.07	1130.00	.64		
	总计	735.28	1136.00			
喉舌作用	组之间	9.97	6.00	1.66	2.37	.03
	组内	798.27	1138.00	.70		
	总计	808.24	1144.00			
娱乐作用	组之间	8.34	6.00	1.39	2.11	.05
	组内	747.95	1135.00	.66		
	总计	756.29	1141.00			
新闻专业主义作用	组之间	2.40	6.00	.40	1.64	.13
	组内	275.75	1130.00	.24		
	总计	278.15	1136.00			

但具体进行分组比较发现，“政治与监督作用”认知上的差异仅存在于41～45岁与21～25岁、26～30岁之间，其中前者的同意程度相对较高，差异达到0.29，在统计上显著；在“喉舌作用”上，46～50岁群体的同意程度高于21～25岁、26～30岁、31～35岁的群体，然而这一结果很难进行解释，不如从业时长造成的影响清晰，详见下表。

表72　多重比较

因变量	（I）年龄	（J）年龄	平均差（I-J）	标准错误	显著性	95%置信区间	
						下限	上限
政治与监督作用	41～45岁	21～25岁	-.29*	.11	.01	-.52	-.07
		26～30岁	-.28*	.09	.00	-.45	-.12
		31～35岁	-.21*	.08	.01	-.37	-.05
		36～40岁	-.15	.09	.11	-.34	.03
		46～50岁	-.21	.15	.18	-.50	.09
		51岁及以上	-.12	.16	.44	-.44	.19
喉舌作用	46～50岁	21～25岁	.42*	.16	.01	.10	.74
		26～30岁	.31*	.15	.03	.03	.60
		31～35岁	.35*	.14	.02	.06	.63
		36～40岁	.15	.15	.31	-.14	.45
		41～45岁	.29	.15	.06	-.01	.60
		51岁及以上	.12	.20	.54	-.27	.52

* 均值差的显著性水平为0.05。

4. 职称与新闻工作角色认知

方差分析发现，不同职称的新闻从业者群体在“政治与监督作用”、“传播与告知作用”、“新闻专业主义作用”三个作用上的认知存在差异。

表73　方差分析表

		平方和	df	均方	F	显著性
政治与监督作用	组之间	10.58	3.00	3.53	5.35	.00
	组内	744.18	1129.00	.66		
	总计	754.76	1132.00			

续表

		平方和	df	均方	F	显著性
传播与告知作用	组之间	7.09	3.00	2.36	3.68	.01
	组内	727.46	1132.00	.64		
	总计	734.55	1135.00			
喉舌作用	组之间	1.83	3.00	.61	.86	.46
	组内	805.84	1140.00	.71		
	总计	807.67	1143.00			
娱乐作用	组之间	3.42	3.00	1.14	1.73	.16
	组内	752.26	1138.00	.66		
	总计	755.68	1141.00			
新闻专业主义作用	组之间	2.02	3.00	.67	2.76	.04
	组内	276.10	1132.00	.24		
	总计	278.12	1135.00			

但经分组比较后可以发现，尚未评级的新闻从业者在新闻传播活动的“政治与监督作用”、“传播与告知作用”上的同意度，要稍高于已有职称的新闻从业者。

表74　　多重比较

因变量	（I）职称	（J）职称	平均差（I–J）	标准错误	显著性	95%置信区间	
						下限	上限
政治与监督作用	尚未评定	初级	.20*	.06	.00	.08	.33
		中级	.25*	.07	.00	.11	.38
		高级职称	.28*	.09	.00	.10	.45
传播与告知作用	尚未评定	初级	.16*	.06	.01	.04	.29
		中级	.22*	.07	.00	.08	.35
		高级职称	.19*	.09	.04	.01	.36
新闻专业主义作用	尚未评定	初级	.11*	.04	.01	.03	.18
		中级	.04	.04	.29	–.04	.13
		高级职称	.06	.06	.25	–.05	.17

* 均值差的显著性水平为 0.05。

5. 学历与新闻工作角色认知

方差分析发现，不同学历层次的新闻从业者对新闻传播活动的“喉舌作用”认知存在统计显著的差异。

表75　　方差分析表

		平方和	df	均方	F	显著性
政治与监督作用	组之间	1.85	2.00	.93	1.39	.25
	组内	750.47	1128.00	.67		
	总计	752.33	1130.00			
传播与告知作用	组之间	3.69	2.00	1.85	2.85	.06
	组内	731.11	1131.00	.65		
	总计	734.81	1133.00			
喉舌作用	组之间	4.71	2.00	2.36	3.35	.04
	组内	801.33	1140.00	.70		
	总计	806.04	1142.00			
娱乐作用	组之间	2.12	2.00	1.06	1.60	.20
	组内	754.16	1137.00	.66		
	总计	756.29	1139.00			
新闻专业主义作用	组之间	1.23	2.00	.61	2.51	.08
	组内	276.38	1132.00	.24		
	总计	277.60	1134.00			

具体来看，硕士及以上学历层次的新闻从业者对于“喉舌功能”的同意程度，要相对低于大专及以下学历（差异值约为0.3）。本科层次仅从均值看，位于上述两个学历层次之间，但差异并不存在统计的显著性。

表76　　多重比较

因变量	（I）学历	（J）学历	平均差（I–J）	标准错误	显著性	95%置信区间	
						下限	上限
喉舌作用	硕士及以上	大专及以下	–.30*	.12	.01	–.53	–.06
		本科	–.12	.07	.08	–.25	.02

* 均值差的显著性水平为 0.05。

三、工作中可能面临的道德选择

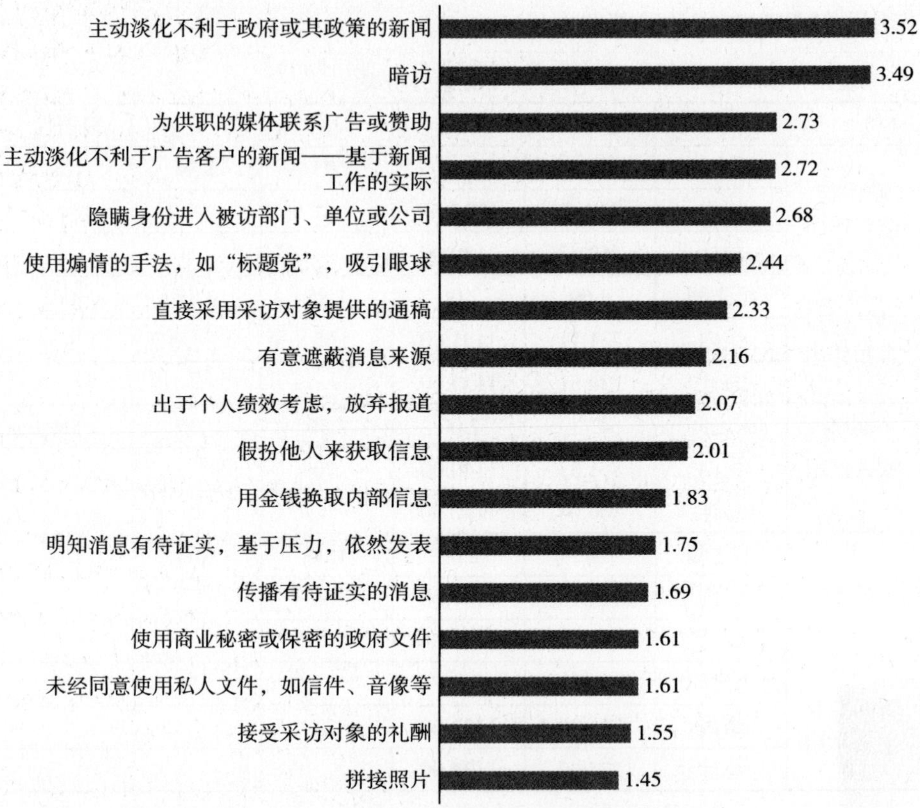

图84　被访者对工作中某些行为的正当性评价

该道题目中，5代表总是正当，4代表有些场合是正当的，3代表不能决定，2代表很多场合都不正当，1代表任何情况都不正当。

如图84所示，仅有“主动淡化不利于政府或其政策的新闻”以及“暗访”在有些场合是正当的，均值分别为3.52和3.49，其余行为均被认为不正当。

由此可知，当前广电新闻从业者对与新闻在政治场域的作用敏感度较高，认为在当下政治和舆论环境中，新闻在一定程度上需要为政治稳定和政府决策服务，为营造稳定良好的政治环境而有所取舍；另一方面，由于新闻职业的特殊性，一些特殊场合的新闻需要从业者们采取特殊手段才能获取真实的、有价值的信息，因此暗访作为常见采访手段一定程度上得到新闻从业者的认可。其余各项如拼接照片、接受采访对象的礼酬则有违新闻职业道德，未经同意使用私人文件则直接涉嫌侵犯隐私权，而该项均值大于1，说明一部分新闻从业者还未明确了解职业规范，法律意识不够强。

第八章

中国广电新闻从业者文化消费习惯

1.上网行为：四成被访者的周上网时长超过25小时，上网时长与年龄成反比，与学历和收入成正比。使用网络的五个主要用途是获取新闻、检索信息、学习知识、观看视频和网上购物。

2. 阅读行为：约四成被访者无法保证每月至少读一本书，近一成被访者表示没有时间读书。工作时长越长，读书的数量越少。

3. 业余生活：近两成被访者从不健身，四成被访者从不外出观看话剧、音乐剧等；但三成以上被访者每周聚餐两三次，近四成每月外出观影一到两次。业余休闲活动的频率与其工作时长、收入、年龄等因素具有显著的相关性：健身、观影频率与年龄和工作时长呈显著负相关，与月收入呈显著正相关。

一、网络行为

1. 上网时长

如图85所示，参与此次调研的被访者普遍上网时间较长，每周上网时长在“25小时以上”的被访者占40.7%。除此之外，每周上网时长在“20~25小时”、“15~20小时”和“10~15小时”区间的被访者，分别占14.2%、15.7%和13.1%。

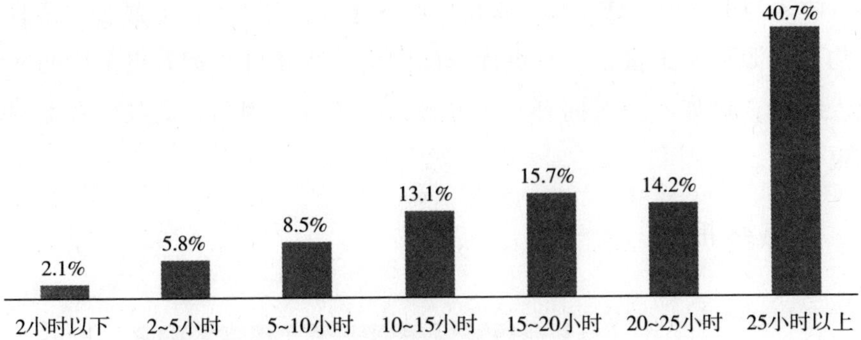

图85 被访者每周上网时长分布

依据CNNIC发布的《第37次中国互联网络发展状况统计报告》，截至2015年12月，中国网民规模达6.88亿，人均周上网时长达26.2小时。互联网逐渐成为国人获取信息的主流渠道之一，上网占据了国人业余生活的大部分时间；对于广电新闻从业者而言，情况亦是如此。

斯皮尔曼相关分析发现，上网时长与年龄、学历和收入之间存在显著性统计关系。

表77 相关性分析

		年龄	学历	收入
上网时长	相关系数	-.093**	.135**	.110**
	Sig.（双侧）	0.001	0.000	0.000
	N	1296	1293	1288

** 在置信度（双测）为 0.01 时，相关性是显著的。

具体来看，年龄与上网时长成反比，被访者年龄越小，其上网时长越长。青年人乐于尝试新鲜事物，在理解能力和个人精力等方面均强于年长者，因而上网时长更长。

学历与上网时长成正比，被访者学历越高，其上网时长越长。可能由于高学历者拥有更强的学习能力和接受能力，能够更快更好地掌握互联网操作技术，因而上网时长更长。

收入与上网时长成正比，被访者收入越高，其上网时长越长。高收入者物质资源相对丰富，享有更优越的网络接入条件，拥有更多样的网络接入终端，例如，一人拥有多部电脑、手机等。因而，高收入者上网时长更长。

2. 网络用途

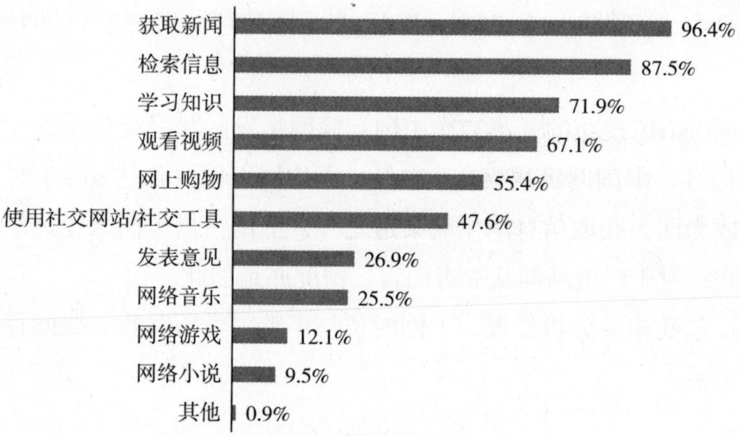

图86　被访者互联网使用行为分布

如图86所示，被访者使用网络的主要用途分别是：获取新闻（96.4%）、检索信息（87.5%）、学习知识（71.9%）、观看视频（67.1%）和网上购物（55.4%）。相对于消遣娱乐，广电从业者更多的是利用互联网进行学习提升。

依据CNNIC发布的《第37次中国互联网络发展状况统计报告》，2015年6月至2015年12月，中国网民使用率排名前五的网络应用分别是：即时通信（90.7%）、搜索引擎（82.3%）、网络新闻（82.0%）、网络视频（73.2%）和网络音乐（72.8%）。广电从业者相对于普通民众更加关心新闻时事，这与其自身工作性质有关。除此之外，广电从业者更多利用互联网进行信息检索和自我提升，普通民众主要利用互联网进行社交和娱乐，这也在一定程度上反映出广电从业者这一特殊职业群体的价值取向。

（1）发表意见与所在地区

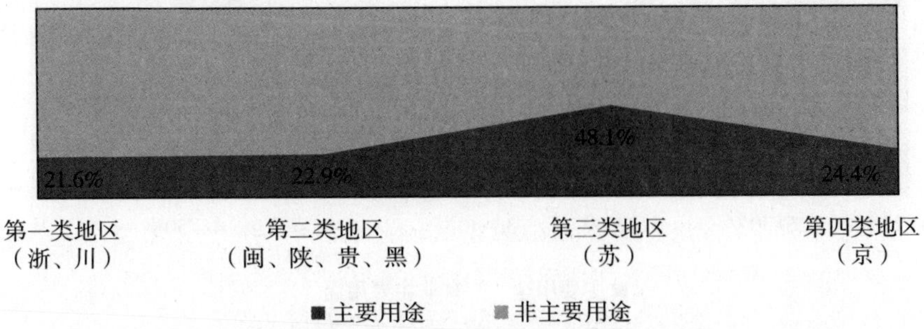

图87　发表意见是否为主要用途的地区差异

通过卡方分析，在被访者“发表意见行为”与“所在地区”之间发现了统计显著的关系（p=0.000）。第三类地区（苏）的被访者在网络发表意见的行为更频繁。在第三类地区（苏）的被访者中，有48.1%的人将“发表意见”列为五种使用网络的主要行为之一；在其余三个地区的被访者中，这一比例均只有两成左右。

第三类地区（苏）的地区生产总值（GDP）和广播电视机构从业人员数目、创收收入、编辑记者人数、资产总额，均高于其余三个地区，具有更为先进的广播电视新闻事业发展水平和更为优良的行业氛围。因此，该地区的被访者也相应具有更强的新闻媒体人意识，发表意见的意愿更强烈，进而外显为更为频繁的发表意见行为。

（2）观看视频与年龄

通过卡方分析，在被访者“观看视频的行为”与“年龄”之间发现了统计显著的关系（p=0.000）。相较于中老年被访者（36岁及以上），青年被访者（35岁及以下）更为频繁地在互联网观看视频。年龄在21～35岁的被访者中，超过70.0%的人经常在互联网上观看视频；在36岁及以上的被访者中，仅有不到60.0%的人经常在互联网上观看视频。

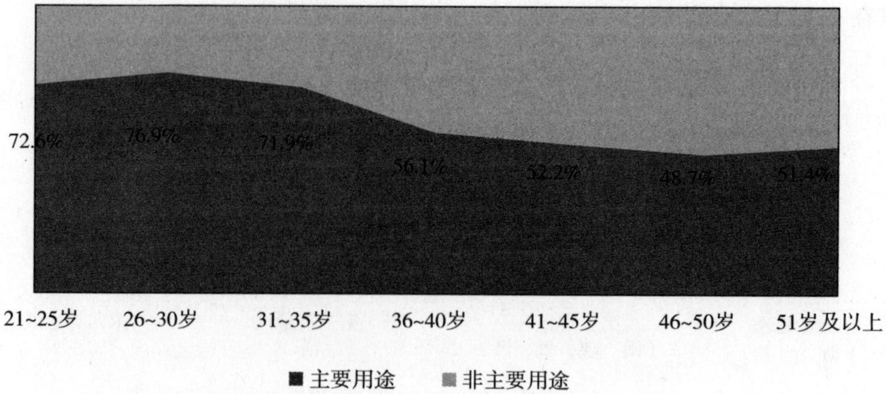

图88　观看视频是否为主要用途的年龄差异

青年被访者（35岁及以下）见证了互联网的发展和普及，成长于多元融合的文化环境；他们乐于尝试新鲜事物，追求个性表达和自主选择，对于音视频等媒介产品的消费需求也更大。因此，青年被访者（35岁及以下）倾向于花费更多的时间观看资源丰富、个性化强的网络视频，更善于利用互联网进行各种娱乐消遣，而中老年被访者（36岁及以上）则可能更多地通过电视等传统渠道收看视频。

此结论值得进一步探究和推广，除了网络视频观看行为，两类人群对于其他媒介的使用习惯也可能具有显著差异。

（3）网上购物与性别

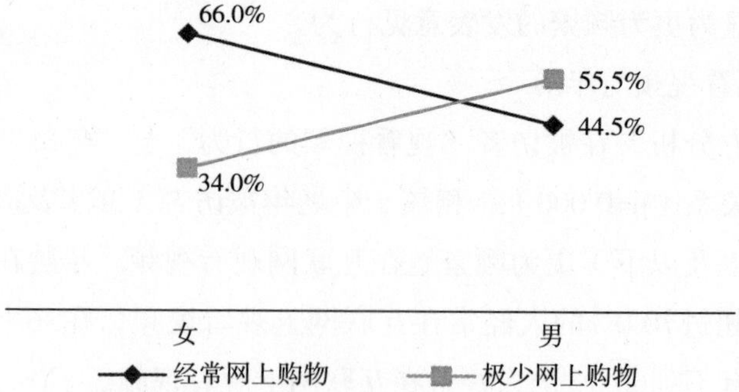

图89　网上购物是否为主要用途的性别差异

通过卡方分析，在被访者“网上购物行为”与“性别”之间发现了统计显著的关系（p=0.000）。66.0%的女性被访者将网上购物列为使用互联网的五大主要用途，只有44.5%的男性被访者将其列为主要用途。相较于男性被访者，女性被访者更为频繁地进行网上购物。

在日常生活中，女性同样也表现得比男性更加热爱购物。男女购物习惯的差异可以溯源至男女在远古时期的社会分工：男性在野外狩猎，而女性则主要负责采集果实和交换物品。角色分工让具有良好购物技巧的女性更容易生存。除此之外，数千年来的父权社会使女性与商业社会远离，女性大多以消费者而非生产者的身份出现在社会中。

网络电商不但满足了女性根植于基因的原始诉求，更为女性提供了绝佳的社交空间。性别带来的这种差异，在新闻从业者中也有同样的呈现。因此，女性比男性更为频繁地进行网上购物。

3. 国外新闻网站、社交软件及翻墙软件的使用

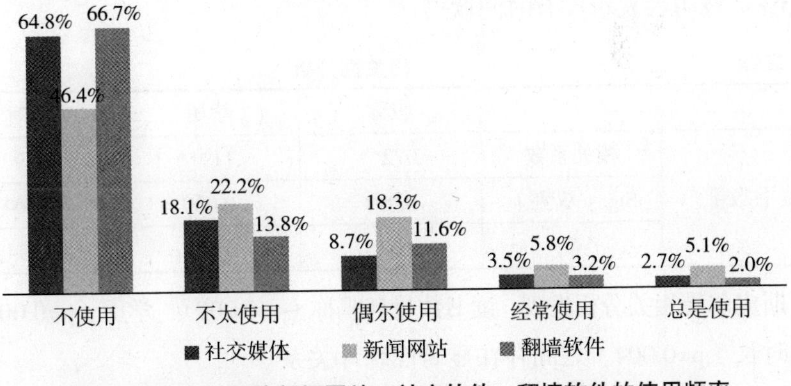

图90　被访者对国外新闻网站、社交软件、翻墙软件的使用频率

如图90所示，参与此次调查的新闻从业者对国外新闻网站、社交软件及翻墙软件的使用频率较低，超过六成的被访者“不使用”国外社交媒体和翻墙软件。其中，新闻网站的使用频率稍高，但仍有近五成被访者“不使用”国外新闻网站。

二、阅读行为

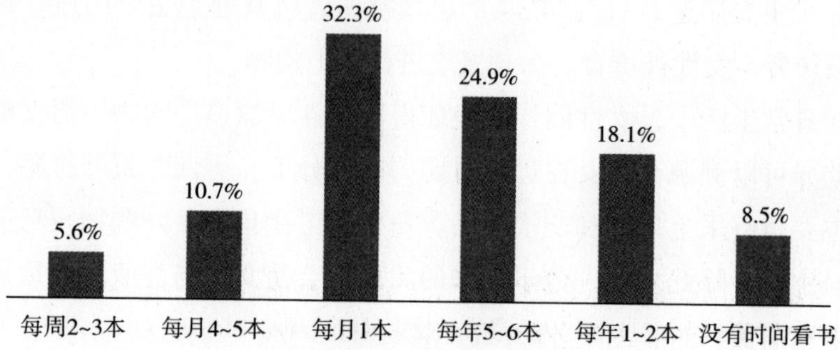

图91　被访者阅读频率分布

如图91所示，读书频率保持在每周两本以上的被访者占5.6%；读书频率保持在每月四五本书的被访者占10.7%；读书频率保持在每月一本的被访者占32.3%，比例最高。尽管接近半数（48.6%）的被访者至少每月读一本书，但是仍有43%的被访者每年只读一两本或五六本书，甚至有一些（8.5%）被访者表示没有时间读书。

表78　相关性分析

		职称	学历	工作时长
读书数量	相关系数	.072**	.119**	-.079**
	Sig.（双侧）	0.009	0.000	0.004
	N	1293	1292	1294

斯皮尔曼相关分析发现，读书数量与职称（p=0.009）、学历（p=0.000）、工作时长（p=0.004）之间存在显著性统计关系。

其中，阅读数量与职称和学历成正比，即职称越高、学历越高，读书的数量越多。广电新闻从业者的学历、职称越高，终身学习的意愿和自我提升的动力相应越强，使得他们更加重视阅读，读书频率较高。阅读数量与工作时长负相关，即工作时长越长，读书频率越低。工作压缩了广电新闻从业者的业余生活，使得他们没有时间或精力用于阅读，读书频率较低。

三、业余生活

1. 健身

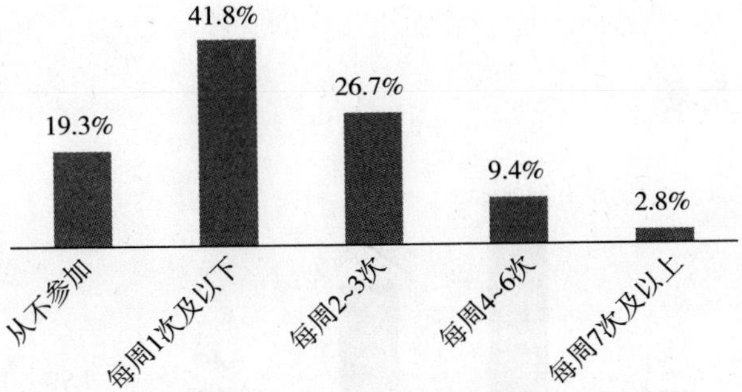

图92 被访者健身频率分布

如图92所示，参与此次调查的被访者健身频率较低，坚持每周健身的被访者占比不足四成。41.8%的被访者健身频率为每周1次或以下，19.3%的被访者表示从不健身。

表79 相关性分析

		工作时长	月收入
健身频率	相关系数	–.137**	.064*
	Sig.（双侧）	0.000	0.024
	N	1261	1249

** 在置信度（双测）为 0.01 时，相关性是显著的。

* 在置信度（双测）为 0.05 时，相关性是显著的。

斯皮尔曼相关分析发现，健身频率与工作时长（p=0.000）和月收入（p=0.024）之间存在显著性统计关系。具体分析和推断如下。

健身频率与工作时长成反比，即工作时长越长，健身频率越低。与阅读行为同理，工作压缩了广电新闻从业者的业余生活，使得他们没有时间或精力用于健身，因而健身频率较低。

健身频率与月收入成正比，即收入越高，健身频率越高。可能由于高收入人群往往经历了较为艰辛的资本积累和资质历练，他们更能意识到身体健康对个人发展的重要性，因而健身频率更高。此外，一些健身活动需要具备一定的经济能力，高收入人群相比之下更有能力承担这部分开销。

2. 外出聚餐

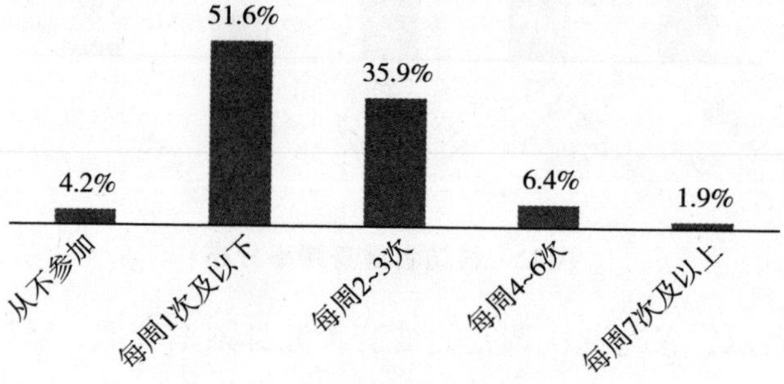

图93　被访者外出聚餐频率分布

如图93所示，51.6%的被访者每周外出聚餐1次及以下，占比最高；其次是每周聚餐2～3次的被访者，占比35.9%。极少数被访者从不参加聚餐或频繁参加聚餐，符合正态分布规律。

在被访者外出聚餐行为与人口统计变量之间没有发现统计上显著的相关关系。

3. 观看演出

如图94所示，被访者外出观看话剧、音乐会等文艺演出的频率普遍较低。其中，从不参加的比例最高。

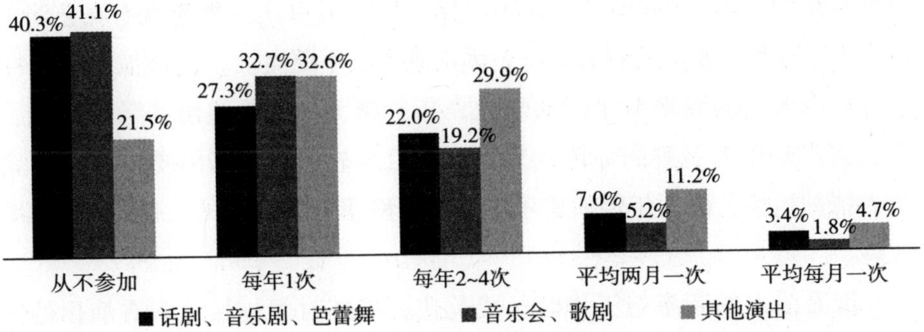

图94　被访者观看演出频率分布

（1）年龄、学历、职称、月收入、媒体级别、工作时长与观看演出

表80　相关性分析

		年龄	学历	职称	月收入	媒体级别	工作时长
话剧、音乐剧、芭蕾舞	相关系数	-.077**	.093**	.078**	.100**	.163**	-.140**
	Sig.（双侧）	0.006	0.001	0.006	0.000	0.000	0.000
	N	1270	1267	1268	1263	1272	1269
音乐会、歌剧	相关系数	-.062*	.062*	.088**	.072*	.106**	-.063*
	Sig.（双侧）	0.027	0.028	0.002	0.011	0.000	0.024
	N	1263	1260	1261	1256	1265	1262
其他演出	相关系数	-.065*	0.05	0.006	.063*	.059*	-.082**
	Sig.（双侧）	0.021	0.075	0.839	0.026	0.033	0.003
	N	1281	1278	1279	1273	1283	1280

** 在置信度（双测）为 0.01 时，相关性是显著的。

* 在置信度（双测）为 0.05 时，相关性是显著的。

斯皮尔曼相关分析发现，是否外出观看演出主要与年龄、学历、职称、月收入、媒体级别和工作时长之间存在显著性相关。

观看演出的频率与学历、职称、收入和媒体级别成正比，学历、职称、收入和媒体级别越高，观看演出的频率越高。高学历人群更加注重精神享受和内在修养，高职称、高收入人群在经济条件上更为优越，而媒体级别越高的地区，相应的演出资源也越丰富。这几类人群有观看文艺演出的需求，也具备相应的观看条件，因而观看频率更高。

观看演出的频率与年龄成反比，年龄越大，观看演出的频率越低。文艺演出是较为新鲜的休闲娱乐形式，且年轻人比年长者更加注重丰富个人精神生活，因而年轻人更乐于享受这种业余生活方式，观看演出频率较高。

观看演出的频率与工作时长成反比，工作时间越长，观看演出的频率越低。与阅读、健身等行为同理，工作压缩了广电新闻从业者的业余生活，使得他们没有时间或精力用于观看文艺演出、健身或阅读，因而观看频率较低。

（2）地区与观看演出

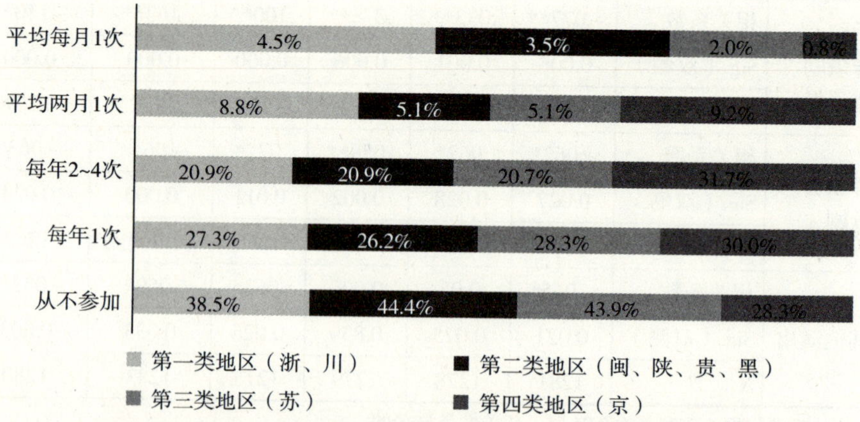

图95　不同地区被访者外出观看话剧、音乐剧、芭蕾舞的频率

通过卡方分析，在被访者“外出观看话剧、音乐剧、芭蕾舞”与“所处地区”之间发现了统计显著的关系（p=0.020）。超过七成的北京地区被访者每年观看演出的频率在1次以上，其他地区被访者每年观看演出频率在1次以上的不足六成，北京地区被访者观看演出的频率显著高于其他地区。这是由于北京聚集了大量的文艺演出资源。

同样的，北京地区被访者在观看“其他演出”的频率上也明显高于其他地区，而“音乐会、歌剧”却没有发现显著性的差异，北京地区被访者和其他地区一样，都很少观看音乐会、歌剧，这可能是由于这方面演出资源的缺乏或者被访者在喜好和习惯上的偏向。

4. 影院观影

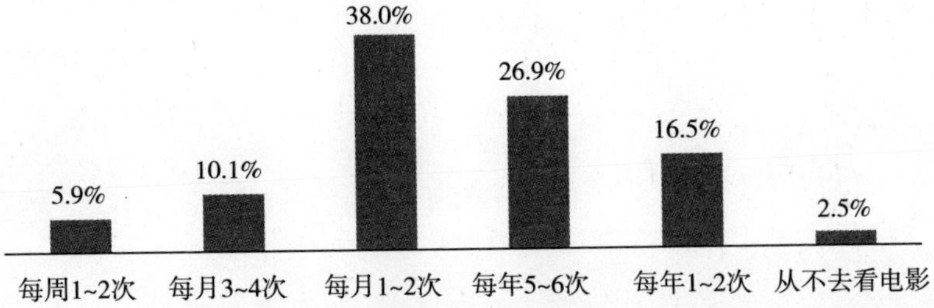

图96　被访者外出观看电影分布

如图96所示，超过半数被访者有每月去影院观看电影的习惯，从不外出看电影的占极少数。被访者的观影频率集中在每月1～2次，占比38.0%；其次是每年5～6次，占比26.9%。只有极少数被访者从不看电影或经常看电影。

表81　相关性分析

		年龄	职称	工作时长
看电影的频次	相关系数	-.309**	-.143**	-.091**
	Sig.（双侧）	0.000	0.000	0.001
	N	1298	1296	1297

** 在置信度（双测）为 0.01 时，相关性是显著的。

* 在置信度（双测）为 0.05 时，相关性是显著的。

斯皮尔曼相关分析发现，是否外出观看电影与年龄（p=0.000）、职称（p=0.000）和工作时长（p=0.001）之间显著相关。年龄和工作时长与外出看电影的频率成反比，即年龄越大、每周工作时间越长，外出看电影的频率就越低。这一点与观看文艺演出的情况相似。

值得注意的是，职称与外出看电影的频率成反比，而与观看文艺演出的频率成正比，即职称越高的被访者，观看电影的频率越低，但观看文艺演出的频率越高。这反映出高职称人群在业余生活上的偏好，他们对小众精英文艺演出的喜爱胜过更加符合大众审美的电影。

附　录

表1　被访者性别分布

		计数	百分比	有效百分比
有效	女	589	50.4%	50.9%
	男	569	48.6%	49.1%
	合计	1158	99.0%	100.0%
缺失		12	1.0%	
合计		1170	100.0%	

表2　不同职位上的性别分布

		女	男	合计
记者	计数	251	252	503
	百分比	42.8%	44.6%	43.7%
编辑	计数	195	96	291
	百分比	33.3%	17.0%	25.3%
摄像	计数	1	55	56
	百分比	0.2%	9.7%	4.9%
主持人	计数	77	70	147
	百分比	13.1%	12.4%	12.8%
科室主任	计数	33	47	80
	百分比	5.6%	8.3%	7.0%
部门领导及台领导	计数	26	40	66
	百分比	4.4%	7.1%	5.7%
其他	计数	3	5	8
	百分比	0.5%	0.9%	0.7%
合计	计数	586	565	1151
	百分比	100.0%	100.0%	100.0%

表3 被访者年龄分布

		计数	百分比	有效百分比
有效	21~25岁	84	7.2%	7.2%
	26~30岁	295	25.2%	25.4%
	31~35岁	402	34.3%	34.6%
	36~40岁	172	14.7%	14.8%
	41~45岁	136	11.6%	11.7%
	46~50岁	39	3.3%	3.3%
	51岁及以上	34	2.9%	3.0%
	合计	1162	99.3%	100.0%
缺失		8	0.7%	
合计		1170	100.0%	

表4 不同职位上的年龄分布

	21~25岁	26~30岁	31~35岁	36~40岁	41~45岁	46~50岁	51岁及以上
记者	63.1%	58.8%	42.5%	30.8%	28.4%	20.5%	34.3%
编辑	17.9%	20.1%	27.8%	24.4%	29.1%	28.2%	42.9%
摄像	1.2%	4.4%	7.2%	4.7%	3.7%	2.6%	0.0%
主持人	16.7%	14.6%	12.5%	14.0%	8.2%	7.7%	5.7%

表5 被访者职位分布

		计数	百分比	有效百分比
有效	记者	513	43.9%	44.1%
	编辑	292	25.0%	25.1%
	摄像	56	4.7%	4.8%
	主持人	148	12.7%	12.7%
	科室主任	80	6.9%	6.9%
	部门领导及台领导	66	5.7%	5.7%
	其他	8	0.7%	0.7%
	合计	1164	99.5%	100.0%
缺失		6	0.5%	
合计		1170	100.0%	

表6　被访者职称分布

		计数	百分比	有效百分比
有效	尚未评定	251	21.4%	21.6%
	初级	468	40.0%	40.3%
	中级	321	27.4%	27.6%
	高级职称	122	10.4%	10.5%
	合计	1161	99.2%	100.0%
缺失		9	0.8%	
合计		1170	100.0%	

表7　被访者从事新闻工作年龄分布

		计数	百分比	有效百分比
有效	5年以下	241	20.6%	20.9%
	5～10年（不含10年）	290	24.8%	25.2%
	10～20年（不含20年）	469	40.1%	40.8%
	20年及以上	150	12.8%	13.0%
	合计	1149	98.2%	100.0%
缺失		21	1.8%	
合计		1170	100.0%	

表8　被访者学历分布

		计数	百分比	有效百分比
有效	大专及以下	72	6.2%	6.2%
	本科	891	76.1%	76.8%
	硕士及以上	196	16.8%	16.9%
	合计	1160	99.1%	100.0%
缺失		10	0.9%	
合计		1170	100.0%	

表9 被访者婚姻状况分布

		计数	百分比	有效百分比
有效	单身	328	28.1%	28.6%
	已婚	784	67.0%	68.2%
	离异	31	2.7%	2.7%
	其他	6	0.5%	0.5%
	合计	1150	98.3%	100.0%
缺失		20	1.7%	
合计		1170	100.0%	

表10 被访者学科背景分布

学科背景	计数	百分比
新闻传播学	592	51.7%
文学	208	18.1%
艺术学	133	11.6%
经济学、商业行政管理	128	11.1%
外语	98	8.5%
理学、工学	80	7.0%
法学	68	5.9%
社会学	27	2.4%
教育学	22	1.9%
历史学	14	1.2%
哲学	8	0.7%
医学	8	0.7%
农学	4	0.4%
军事学	1	0.1%

表11　被访者父母职业分布

		计数		百分比		有效百分比	
		父亲	母亲	父亲	母亲	父亲	母亲
有效	新闻从业者	70	36	6.0%	3.1%	6.4%	3.4%
	除了新闻从业者以外的专业技术人员	294	311	25.1%	26.6%	27.1%	28.7%
	国家机关、党群组织、企业、事业单位负责人	235	164	20.1%	14.0%	21.7%	15.1%
	办事人员与有关人员	99	95	8.5%	8.1%	9.1%	8.8%
	商业、服务从业人员	141	121	12.1%	10.3%	13.0%	11.1%
	生产、运输设备操作人员及有关人员	79	64	6.8%	5.4%	7.3%	5.9%
	农、林、牧、渔、水利业生产人员	102	91	8.7%	7.8%	9.4%	8.4%
	军人	22	9	1.9%	0.7%	2.0%	0.8%
	家庭主夫/主妇	43	194	3.7%	16.6%	3.9%	17.9%
	合计	1085	1085	92.7%	92.7%	100.0%	100.0%
缺失		85	85	7.3%	7.3%		
合计		1170	1170	100.0%	100.0%		

表12　被访者持证情况分布

		计数	百分比	有效百分比	累积百分比
有效	是	848	72.5%	73.5%	73.5%
	否	306	26.1%	26.5%	100.0%
	合计	1154	98.6%	100.0%	
缺失		16	1.4%		
合计		1170	100.0%		

表13　被访者持证情况与职位的交叉表

		记者	编辑	摄像	主持人	科室主任	部门领导及台领导	其他	合计
有	计数	357	215	34	95	74	65	3	843
	占比	70.6%	74.9%	63.0%	65.1%	91.4%	98.5%	37.5%	73.4%

续表

		记者	编辑	摄像	主持人	科室主任	部门领导及台领导	其他	合计
没有	计数	149	72	20	51	7	1	5	305
	占比	29.4%	25.1%	37.0%	34.9%	8.6%	1.5%	62.5%	26.6%
合计	计数	506	287	54	146	81	66	8	1148
	占比	100.0%	100.0%	100.0%	100.0%	100.0%	100.0%	100.0%	100.0%

表14　　　　　　　　　卡方检验

	值	df	渐进 Sig.（双侧）
Pearson 卡方	50.609a	6	.000
似然比	63.758	6	.000
线性和线性组合	8.837	1	.003
有效案例中的 N	1148		

a. 1 单元格（7.1%）的期望计数少于 5。最小期望计数为 2.13。

表15　　　　被访者年龄与是否持证的人数百分比分布

		21～25岁	26～30岁	31～35岁	36～40岁	41～45岁	46～50岁	51岁及以上	合计
是	计数	31	166	318	146	124	33	24	842
	占比	36.9%	57.2%	79.5%	86.4%	91.2%	94.3%	72.7%	73.4%
否	计数	53	124	82	23	12	2	9	305
	占比	63.1%	42.8%	20.5%	13.6%	8.8%	5.7%	27.3%	26.6%
合计	计数	84	290	400	169	136	35	33	1147
	占比	100%	100%	100%	100%	100%	100%	100%	100%

表16　　　　　　　　　卡方检验

	值	df	渐进 Sig.（双侧）
Pearson 卡方	148.185	6	.000
似然比	146.584	6	.000
线性和线性组合	95.203	1	.000
有效案例中的 N	1147		

表17　被访者职称与持证情况分布

		尚未评定	初级	中级	高级职称	合计
是	计数	109	336	281	117	843
	占比	44.5%	71.9%	89.5%	96.7%	73.5%
否	计数	136	131	33	4	304
	占比	55.5%	28.1%	10.5%	3.3%	26.5%
合计	计数	245	467	314	121	1147
	占比	100%	100%	100%	100%	100%

表18　卡方检验

	值	df	渐进 Sig.（双侧）
Pearson 卡方	181.062a	3	.000
似然比	189.365	3	.000
线性和线性组合	168.429	1	.000
有效案例中的 N	1147		

a. 0 单元格（.0%）的期望计数少于 5。最小期望计数为 32.07。

表19　地区与持证情况分布

		北京	福建	贵州	黑龙江	江苏	陕西	四川	浙江	合计
是	计数	242	81	29	72	154	64	101	105	848
	占比	83.7%	88.0%	43.9%	62.6%	75.1%	61.5%	81.5%	66.0%	73.5%
否	计数	47	11	37	43	51	40	23	54	306
	占比	16.3%	12.0%	56.1%	37.4%	24.9%	38.5%	18.5%	34.0%	26.5%
合计	计数	289	92	66	115	205	104	124	159	1154
	占比	100%	100%	100%	100%	100%	100%	100%	100%	100%

表20　卡方检验

	值	df	渐进 Sig.（双侧）
Pearson 卡方	78.610a	7	.000
似然比	77.075	7	.000
线性和线性组合	12.990	1	.000
有效案例中的 N	1154		

a. 0 单元格（.0%）的期望计数少于 5。最小期望计数为 17.50。

表21 **被访者学历与持证情况分布**

		大专及以下	本科	硕士及以上	合计
是	计数	39	646	155	840
	占比	54.2%	73.5%	80.3%	73.4%
否	计数	33	233	38	304
	占比	45.8%	26.5%	19.7%	26.6%
合计	计数	72	879	193	1144
	占比	1.0	1.0	1.0	1.0

表22 **卡方检验**

	值	df	渐进 Sig.（双侧）
Pearson 卡方	18.378a	2	.000
似然比	17.243	2	.000
线性和线性组合	14.970	1	.000
有效案例中的 N	1144		

a. 0 单元格（.0%）的期望计数少于 5。最小期望计数为 19.13。

表23 **被访者新闻传播学背景与持证情况分布**

		非新闻传播学	新闻传播学	合计
是	计数	385	452	837
	占比	69.9%	77.1%	73.6%
否	计数	166	134	300
	占比	30.1%	22.9%	26.4%
合计	计数	551	586	1137
	占比	100%	100%	100%

表24 **卡方检验**

	值	df	渐进 Sig.（双侧）	精确 Sig.（双侧）	精确 Sig.（单侧）
Pearson 卡方	7.706a	1	.006		
连续校正b	7.337	1	.007		
似然比	7.711	1	.005		

续表

	值	df	渐进 Sig.（双侧）	精确 Sig.（双侧）	精确 Sig.（单侧）
Fisher的精确检验				.006	.003
线性和线性组合	7.700	1	.006		
有效案例中的 N	1137				

a. 0 单元格（.0%）的期望计数少于 5。最小期望计数为 145.38。

b. 仅对 2x2 表计算

表25　　被访者工作职责分布

		计数	百分比	有效百分比	累积百分比
有效	负责综合性报道	495	42.3%	47.4%	47.4%
	专门报道某一主题	381	32.6%	36.5%	83.9%
	报道的选题策划	168	14.4%	16.1%	100%
	合计	1044	89.2%	100%	
缺失		126	10.8%		
合计		1170	100%		

表26　　被访者报道主题分布

		计数	百分比	有效百分比
有效	时政新闻	68	5.8%	17.2%
	国际新闻	7	0.6%	1.9%
	经济/金融新闻	63	5.4%	16.0%
	科教文卫新闻	38	3.3%	9.7%
	体育新闻	8	0.7%	2.0%
	军事新闻	1	0.1%	0.3%
	法律新闻	28	2.4%	7.1%
	社会（民生）新闻	103	8.8%	26.3%
	其他	76	6.5%	19.4%
	合计	393	33.6%	100%
缺失		777	66.4%	
总计		1170	100%	

表27　　不同年龄被访者报道主题的情况分布

		21～25岁	26～30岁	31～35岁	36～40岁	41～45岁	46～50岁	51岁以上	合计
专一主题	计数	31	99	130	55	46	11	2	374
	占比	38.3%	36.4%	35.5%	36.7%	41.1%	37.9%	8.3%	36.2%
综合报道	计数	44	147	181	54	39	10	18	493
	占比	54.3%	54.0%	49.5%	36.0%	34.8%	34.5%	75.0%	47.7%
选题策划	计数	6	26	55	41	27	8	4	167
	占比	7.4%	9.6%	15.0%	27.3%	24.1%	27.6%	16.7%	16.2%
合计	计数	81	272	366	150	112	29	24	1034
	占比	100%	100%	100%	100%	100%	100%	100%	100%

表28　　卡方检验

	值	df	渐进 Sig.（双侧）
Pearson 卡方	52.154a	12	0
似然比	53.928	12	0
线性和线性组合	10.148	1	0.001
有效案例中的 N	1034		

a. 2 单元格（9.5%）的期望计数少于 5。最小期望计数为 3.88。

表29　　不同职位被访者报道主题的情况分布

		记者	编辑	摄像	主持人	科室主任	部门领导及台领导	其他	合计
专一主题	计数	232	58	21	40	18	9	1	379
	占比	47.1%	23.0%	42.0%	33.6%	27.3%	16.7%	16.7%	36.4%
综合报道	计数	226	129	24	71	26	15	2	493
	占比	45.8%	51.2%	48.0%	59.7%	39.4%	27.8%	33.3%	47.4%
选题策划	计数	35	65	5	8	22	30	3	168
	占比	7.1%	25.8%	10.0%	6.7%	33.3%	55.6%	50.0%	16.2%
合计	计数	493	252	50	119	66	54	6	1040
	占比	100%	100%	100%	100%	100%	100%	100%	100%

表30　　　　卡方检验

	值	df	渐进 Sig.（双侧）
Pearson 卡方	162.137a	12	.000
似然比	146.846	12	.000
线性和线性组合	58.727	1	.000
有效案例中的 N	1040		

a. 3 单元格（14.3%）的期望计数少于 5。最小期望计数为 .97。

表31　　　　不同职称被访者报道主题的情况分布

		尚未评定	初级	中级	高级职称	合计
专一主题	计数	85	166	100	23	374
	占比	37.1%	39.2%	35.3%	22.8%	36.1%
综合报道	计数	114	202	130	48	494
	占比	49.8%	47.8%	45.9%	47.5%	47.7%
选题策划	计数	30	55	53	30	168
	占比	13.1%	13.0%	18.7%	29.7%	16.2%
合计	计数	229	423	283	101	1036
	占比	100%	100%	100%	100%	100%

表32　　　　卡方检验

	值	df	渐进 Sig.（双侧）
Pearson 卡方	23.128a	6	.001
似然比	21.837	6	.001
线性和线性组合	12.875	1	.000
有效案例中的 N	1036		

a. 0 单元格（.0%）的期望计数少于 5。最小期望计数为 16.38。

表33　　　　被访者每周工作时长分布

		频率	百分比	有效百分比	累积百分比
有效	40小时以下	70	6.0%	6.0%	6.0%
	40小时	193	16.5%	16.6%	22.6%

续表

		频率	百分比	有效百分比	累积百分比
有效	40～48小时（包括48小时）	405	34.6%	34.7%	57.3%
	48～56小时（包括56小时）	284	24.3%	24.4%	81.7%
	56小时以上	214	18.3%	18.3%	100%
	合计	1166	99.7%	100%	
缺失		4	0.3%		
合计		1170	100%		

表34　　性别与被访者每周工作时长分布

		女	男	合计
40小时以下	计数	36	31	67
	占比	6.1%	5.5%	5.8%
40小时	计数	109	84	193
	占比	18.6%	14.8%	16.7%
40～48小时（包括48小时）	计数	231	166	397
	占比	39.4%	29.3%	34.4%
48～56小时（包括56小时）	计数	135	147	282
	占比	23.0%	26.0%	24.5%
56小时以上	计数	76	138	214
	占比	12.9%	24.4%	18.6%
合计	计数	587	566	1153
	占比	100%	100%	100%

表35　　卡方检验

	值	df	渐进 Sig.（双侧）
Pearson 卡方	32.355	4	.000
似然比	32.662	4	.000
线性和线性组合	21.510	1	.000
有效案例中的N	1153		

表36　职位与被访者每周工作时长的分布情况

		记者	编辑	摄像	主持人	科室主任	部门领导及台领导	其他	合计
40小时以下	计数	19	12	3	32	1	1	1	69
	占比	3.7%	4.1%	5.4%	21.5%	1.3%	1.5%	11.1%	5.9%
40小时	计数	54	81	9	28	14	5	3	194
	占比	10.5%	27.9%	16.1%	18.8%	17.5%	7.5%	33.3%	16.7%
40 ~ 48小时（包括48小时）	计数	168	120	12	53	27	23	2	405
	占比	32.7%	41.4%	21.4%	35.6%	33.8%	34.3%	22.2%	34.8%
48 ~ 56小时（包括56小时）	计数	143	53	16	23	25	20	2	282
	占比	27.9%	18.3%	28.6%	15.4%	31.3%	29.9%	22.2%	24.2%
56小时以上	计数	129	24	16	13	13	18	1	214
	占比	25.1%	8.3%	28.6%	8.7%	16.3%	26.9%	11.1%	18.4%
合计	计数	513	290	56	149	80	67	9	1164
	占比	100%	100%	100%	100%	100%	100%	100%	100%

表37　卡方检验

	值	df	渐进 Sig.（双侧）
Pearson 卡方	176.283	24	.000
似然比	158.306	24	.000
线性和线性组合	9.804	1	.002
有效案例中的 N	1164		

表38　媒体级别与被访者每周工作时长分布情况

		国家级	省级（直辖市）	省会台	地级市台	合计
40小时以下	计数	12	23	22	13	70
	占比	6.9%	4.8%	7.1%	6.4%	6.0%
40小时	计数	41	74	55	24	194
	占比	23.7%	15.4%	17.7%	11.8%	16.6%
40 ~ 48小时（包括48小时）	计数	53	154	122	75	404
	占比	30.6%	32.1%	39.4%	36.9%	34.6%
48 ~ 56小时（包括56小时）	计数	34	128	58	64	284
	占比	19.7%	26.7%	18.7%	31.5%	24.4%

续表

		国家级	省级（直辖市）	省会台	地级市台	合计
56小时以上	计数	33	101	53	27	214
	占比	19.1%	21.0%	17.1%	13.3%	18.4%
合计	计数	173	480	310	203	1166
	占比	100%	100%	100%	100%	100%

表39　　卡方检验

	值	df	渐进 Sig.（双侧）
Pearson 卡方	30.771	12	.002
似然比	30.785	12	.002
线性和线性组合	.075	1	.784
有效案例中的 N	1166		

表40　　学科背景与被访者每周工作时长分布情况

		非新闻传播学背景	新闻传播学背景	合计
40小时以下	计数	40	28	68
	占比	7.2%	4.7%	5.9%
40小时	计数	108	82	190
	占比	19.5%	13.9%	16.6%
40～48小时（包括48小时）	计数	180	211	391
	占比	32.5%	35.7%	34.2%
48～56小时（包括56小时）	计数	126	157	283
	占比	22.8%	26.6%	24.7%
56小时以上	计数	99	113	212
	占比	17.9%	19.1%	18.5%
合计	计数	553	591	1144
	占比	100%	100%	100%

表41　　卡方检验

	值	df	渐进 Sig.（双侧）
Pearson 卡方	11.204a	4	.024
似然比	11.224	4	.024
线性和线性组合	6.333	1	.012
有效案例中的 N	1144		

a. 0 单元格（.0%）的期望计数少于 5。最小期望计数为 32.87。

表42　　被访者每周发稿数量分布

		频率	百分比	有效百分比	累积百分比
有效	16条及以上	122	10.4%	11.0%	11.0%
	12～15条	71	6.1%	6.4%	17.4%
	8～11条	176	15.1%	15.9%	33.3%
	4～7条	258	22.0%	23.2%	56.4%
	0～3条	127	10.9%	11.4%	67.8%
	此题不适用	358	30.6%	32.2%	100%
	合计	1112	95.1%	100%	
缺失		58	4.9%		
合计		1170	100%		

表43　　不同年龄的被访者每周发稿数量分布

		21～25岁	26～30岁	31～35岁	36～40岁	41～45岁	46～50岁	51岁及以上	合计
16条及以上	计数	6	35	40	13	14	6	6	120
	占比	7.4%	12.2%	10.4%	8.0%	10.8%	17.6%	20.7%	10.8%
12～15条	计数	4	13	34	11	6	2	2	72
	占比	4.9%	4.5%	8.8%	6.8%	4.6%	5.9%	6.9%	6.5%
8～11条	计数	16	65	61	17	11	1	6	177
	占比	19.8%	22.6%	15.8%	10.5%	8.5%	2.9%	20.7%	16.0%
4～7条	计数	28	81	85	32	23	6	0	255
	占比	34.6%	28.2%	22.1%	19.8%	17.7%	17.6%	0.0%	23.0%
0～3条	计数	12	33	38	24	13	4	4	128
	占比	14.8%	11.5%	9.9%	14.8%	10.0%	11.8%	13.8%	11.6%

续表

		21～25岁	26～30岁	31～35岁	36～40岁	41～45岁	46～50岁	51岁及以上	合计
此题不适用	计数	15	60	127	65	63	15	11	356
	占比	18.5%	20.9%	33.0%	40.1%	48.5%	44.1%	37.9%	32.1%
合计	计数	81	287	385	162	130	34	29	1108
	占比	100%	100%	100%	100%	100%	100%	100%	100%

表44　　卡方检验

	值	df	渐进 Sig.（双侧）
Pearson 卡方	86.170a	30	.000
似然比	94.273	30	.000
线性和线性组合	36.794	1	.000
有效案例中的 N	1108		

a. 7 单元格（16.7%）的期望计数少于 5。最小期望计数为 1.88。

表45　　不同职位的被访者每周发稿数量分布

		记者	编辑	摄像	主持人	科室主任	部门领导及台领导	其他	合计
16条及以上	计数	34	46	8	17	10	8	0	123
	占比	6.7%	16.8%	14.3%	13.2%	13.7%	12.9%	0.0%	11.1%
12～15条	计数	45	14	7	3	1	1	0	71
	占比	8.9%	5.1%	12.5%	2.3%	1.4%	1.6%	0.0%	6.4%
8～11条	计数	118	24	14	11	5	2	1	175
	占比	23.4%	8.8%	25.0%	8.5%	6.8%	3.2%	12.5%	15.8%
4～7条	计数	185	40	9	8	6	5	1	254
	占比	36.6%	14.6%	16.1%	6.2%	8.2%	8.1%	12.5%	22.9%
0～3条	计数	67	20	10	15	6	8	1	127
	占比	13.3%	7.3%	17.9%	11.6%	8.2%	12.9%	12.5%	11.5%
此题不适用	计数	56	130	8	75	45	38	5	357
	占比	11.1%	47.4%	14.3%	58.1%	61.6%	61.3%	62.5%	32.2%
合计	计数	505	274	56	129	73	62	8	1107
	占比	100%	100%	100%	100%	100%	100%	100%	100%

表46 卡方检验

	值	df	渐进 Sig.（双侧）
Pearson 卡方	329.485a	30	.000
似然比	353.100	30	.000
线性和线性组合	150.615	1	.000
有效案例中的 N	1107		

a. 9 单元格（21.4%）的期望计数少于 5。最小期望计数为 .51。

表47 不同职称的被访者每周发稿数量分布

		尚未评定	初级	中级	高级职称	合计
16条及以上	计数	23	44	35	17	119
	占比	9.6%	9.7%	11.7%	15.0%	10.8%
12 ~ 15条	计数	11	37	22	2	72
	占比	4.6%	8.2%	7.3%	1.8%	6.5%
8 ~ 11条	计数	32	93	44	6	175
	占比	13.3%	20.6%	14.7%	5.3%	15.8%
4 ~ 7条	计数	66	116	60	12	254
	占比	27.5%	25.7%	20.0%	10.6%	23.0%
0 ~ 3条	计数	38	45	33	11	127
	占比	15.8%	10.0%	11.0%	9.7%	11.5%
此题不适用	计数	70	117	106	65	358
	占比	29.20%	25.9%	35.3%	57.5%	32.4%
合计	计数	240	452	300	113	1105
	占比	100%	100%	100%	100%	100%

表48 卡方检验

	值	df	渐进 Sig.（双侧）
Pearson 卡方	72.908a	15	.000
似然比	74.294	15	.000
线性和线性组合	26.058	1	.000
有效案例中的 N	1105		

a. 0 单元格（.0%）的期望计数少于 5。最小期望计数为 7.36。

表49　　不同媒体级别的被访者每周发稿数量分布

		国家级	省级（直辖市）	省会台	地级市台	合计
16条及以上	计数	29	55	19	20	123
	占比	17.5%	12.0%	6.4%	10.5%	11.1%
12～15条	计数	10	28	12	21	71
	占比	6.0%	6.1%	4.0%	11.1%	6.4%
8～11条	计数	14	70	58	34	176
	占比	8.4%	15.3%	19.4%	17.9%	15.8%
4～7条	计数	31	112	70	44	257
	占比	18.7%	24.5%	23.4%	23.2%	23.1%
0～3条	计数	28	48	33	18	127
	占比	16.9%	10.5%	11.0%	9.5%	11.4%
此题不适用	计数	54	144	107	53	358
	占比	32.5%	31.5%	35.8%	27.9%	32.2%
合计	计数	166	457	299	190	1112
	占比	100%	100%	100%	100%	100%

表50　　卡方检验

	值	df	渐进 Sig.（双侧）
Pearson 卡方	40.013a	15	.000
似然比	39.995	15	.000
线性和线性组合	.167	1	.683
有效案例中的 N	1112		

a. 0 单元格（.0%）的期望计数少于 5。最小期望计数为 10.60。

表51　　被访者每周参加新闻选题会的频率分布

		计数	百分比	有效百分比	累积百分比
有效	每周5次及以上	192	16.4%	16.6%	16.6%
	每周2～4次	228	19.5%	19.7%	36.2%
	每周1次	368	31.5%	31.7%	67.9%

续表

		计数	百分比	有效百分比	累积百分比
有效	每月1～3次	198	16.9%	17.0%	85.0%
	从不参加	174	14.9%	15.0%	100%
	合计	1161	99.3%	100%	
缺失		9	0.7%		
合计		1170	100%		

表52　不同年龄的被访者每周参加新闻选题会的频率

		21～25岁	26～30岁	31～35岁	36～40岁	41～45岁	46～50岁	51岁及以上	合计
每周5次以上	计数	14	39	51	36	37	7	6	190
	占比	16.5%	13.3%	12.8%	21.2%	27.4%	17.9%	18.8%	16.5%
每周2～4次	计数	15	46	87	33	31	8	7	227
	占比	17.6%	15.7%	21.8%	19.4%	23.0%	20.5%	21.9%	19.7%
每周1次	计数	30	104	118	58	39	9	8	366
	占比	35.3%	35.5%	29.5%	34.1%	28.9%	23.1%	25.0%	31.7%
每月1～3次	计数	10	49	84	27	15	7	5	197
	占比	11.8%	16.7%	21.0%	15.9%	11.1%	17.9%	15.6%	17.1%
从不参加	计数	16	55	60	16	13	8	6	174
	占比	18.8%	18.8%	15.0%	9.4%	9.6%	20.5%	18.8%	15.1%
合计	计数	85	293	400	170	135	39	32	1154
	占比	100%	100%	100%	100%	100%	100%	100%	100%

表53　卡方检验

	值	df	渐进 Sig.（双侧）
Pearson 卡方	44.756a	24	.006
似然比	44.453	24	.007
线性和线性组合	11.368	1	.001
有效案例中的 N	1154		

a. 1 单元格（2.9%）的期望计数少于 5。最小期望计数为 4.82。

表54　　不同职称的被访者每周参加新闻选题会的频率

		尚未评定	初级	中级	高级职称	合计
每周5次及以上	计数	33	65	54	37	189
	占比	13.3%	14.0%	17.1%	30.8%	16.4%
每周2～4次	计数	39	88	71	28	226
	占比	15.7%	18.9%	22.5%	23.3%	19.7%
每周1次	计数	82	147	110	27	366
	占比	32.9%	31.6%	34.8%	22.5%	31.8%
每月1～3次	计数	45	90	44	16	195
	占比	18.1%	19.4%	13.9%	13.3%	17.0%
从不参加	计数	50	75	37	12	174
	占比	20.1%	16.1%	11.7%	10.0%	15.1%
合计	计数	249	465	316	120	1150
	占比	100%	100%	100%	100%	100%

表55　　卡方检验

	值	df	渐进 Sig.（双侧）
Pearson 卡方	40.245a	12	.000
似然比	37.935	12	.000
线性和线性组合	27.797	1	.000
有效案例中的 N	1150		

a. 0 单元格（.0%）的期望计数少于 5。最小期望计数为 18.16。

表56　　不同媒体级别的被访者每周参加新闻选题会的频率

		国家级	省级（直辖市）	省会台	地级市台	合计
每周5次及以上	计数	18	105	33	36	192
	占比	10.5%	22.0%	10.7%	17.6%	16.5%
每周2～4次	计数	51	71	77	30	229
	占比	29.7%	14.9%	24.9%	14.7%	19.7%
每周1次	计数	63	130	106	70	369
	占比	36.6%	27.3%	34.3%	34.3%	31.8%

续表

		国家级	省级（直辖市）	省会台	地级市台	合计
每月1～3次	计数	23	70	62	43	198
	占比	13.4%	14.7%	20.1%	21.1%	17.0%
从不参加	计数	17	101	31	25	174
	占比	9.9%	21.2%	10.0%	12.3%	15.0%
合计	计数	172	477	309	204	1162
	占比	100%	100%	100%	100%	100%

表57　　　　卡方检验

	值	df	渐进 Sig.（双侧）
Pearson 卡方	73.354a	12	.000
似然比	73.062	12	.000
线性和线性组合	.352	1	.553
有效案例中的 N	1162		

a. 0 单元格（.0%）的期望计数少于 5。最小期望计数为 25.76。

表58　　　　被访者曾为多少家媒体工作的分布

		计数	百分比	有效百分比	累积百分比
有效	1家	834	71.3%	73.1%	73.1%
	2家	210	18.0%	18.4%	91.5%
	3家及以上	97	8.3%	8.5%	100%
	合计	1141	97.5%	100%	
缺失		29	2.5%		
合计		1170	100%		

表59　　　　性别与被访者曾为多少家媒体工作的分析

		女	男	合计
1家	计数	445	387	832
	占比	76.9%	69.4%	73.2%
2家	计数	95	113	208
	占比	16.4%	20.3%	18.3%

续表

		女	男	合计
3家及以上	计数	39	58	97
	占比	6.7%	10.4%	8.5%
合计	计数	579	558	1137
	占比	100%	100%	100%

表60　卡方检验

	值	df	渐进 Sig.（双侧）
Pearson 卡方	8.938a	2	.011
似然比	8.964	2	.011
线性和线性组合	8.858	1	.003
有效案例中的 N	1137		

a. 0 单元格（.0%）的期望计数少于 5。最小期望计数为 47.60。

表61　职位与被访者曾为多少家媒体工作的分析

		记者	编辑	摄像	主持人	科室主任	部门领导及台领导	其他	合计
1家	计数	354	225	40	93	61	50	6	829
	占比	70.9%	78.4%	71.4%	65.5%	76.3%	76.9%	75.0%	72.9%
2家	计数	111	38	12	25	12	11	1	210
	占比	22.2%	13.2%	21.4%	17.6%	15.0%	16.9%	12.5%	18.5%
3家及以上	计数	34	24	4	24	7	4	1	98
	占比	6.8%	8.4%	7.1%	16.9%	8.8%	6.2%	12.5%	8.6%
合计	计数	499	287	56	142	80	65	8	1137
	占比	100%	100%	100%	100%	100%	100%	100%	100%

表62　卡方检验

	值	df	渐进 Sig.（双侧）
Pearson 卡方	25.943a	12	.011
似然比	23.920	12	.021
线性和线性组合	.325	1	.569
有效案例中的 N	1137		

a. 3 单元格（14.3%）的期望计数少于 5。最小期望计数为 .69。

表63　　压力来源的单样本统计

压力来源	数字	平均值（E）	标准偏差	标准误差平均值
所在媒体的发展前景	1157	3.73	.978	.029
报酬和收入	1155	3.70	.926	.027
领导的做法和观念	1156	3.69	.943	.028
新型媒体技术	1156	3.68	1.030	.030
个人职业发展	1151	3.68	.994	.029
上级主管部门的干预	1154	3.67	.944	.028
所在媒体的经营状况	1151	3.63	.967	.028
单位的工作考核	1156	3.49	.943	.028
归属感	1153	3.44	1.051	.031
市场部门带来的压力	1151	3.16	1.104	.033
同事间的竞争	1155	3.07	.899	.026

表64　　职业满意度的单样本统计

职业满意度	数字	平均值（E）	标准偏差	标准误差平均值
同事关系	1154	3.74	.811	.024
主管领导的能力	1150	3.46	1.020	.030
职业的成就感	1156	3.36	1.059	.031
职业的社会影响	1154	3.34	.968	.028
您所在媒体的品牌	1155	3.29	1.178	.035
主观能动性	1153	3.24	.911	.027
工作时间的弹性	1154	2.89	1.033	.030
进修、培训机会	1151	2.62	1.103	.033
工作时间	1154	2.58	1.038	.031
报酬收入	1155	2.57	1.067	.031
福利待遇	1157	2.54	1.040	.031
升职空间	1150	2.51	1.064	.031

表65 不同性别在职业满意度因子上的差异

	性别	数字	平均值（E）	标准偏差	标准误差平均值
工作回报	女	570	2.66	.81	.03
	男	561	2.56	.84	.04
工作处境	女	573	3.45	.73	.03
	男	559	3.40	.73	.03

表66 持证与否在职业满意度因子上的差异

	是否持有记者证	数字	平均值（E）	标准偏差	标准误差平均值
工作回报	是	828	2.59	.80	.03
	否	300	2.68	.88	.05
工作处境	是	834	3.40	.71	.02
	否	295	3.51	.77	.04

表67 被访者收入分布

		频率	百分比	有效百分比	累积百分比
有效	5000元及以下	441	37.7%	38.2%	38.2%
	5001～8000元	409	34.9%	35.4%	73.6%
	8001～11000元	193	16.5%	16.7%	90.3%
	11001元以上	112	9.6%	9.7%	100.0%
	合计	1155	98.7%	100.0%	
	缺失	15	1.3%		
	合计	1170	100.0%		

表68 被访者所在地区与收入之间的关系

		北京	福建	贵州	黑龙江	江苏	陕西	四川	浙江	合计
5000元及以下	计数	26	57	38	73	31	61	76	79	441
	占比	9.0%	61.3%	57.6%	62.4%	15.6%	59.2%	60.3%	49.7%	38.2%
5001～8000元	计数	106	30	24	36	96	34	39	43	408
	占比	36.6%	32.3%	36.4%	30.8%	48.2%	33.0%	31.0%	27.0%	35.4%
8001～11000元	计数	95	3	3	5	51	5	6	24	192
	占比	32.8%	3.2%	4.5%	4.3%	25.6%	4.9%	4.8%	15.1%	16.7%

续表

		北京	福建	贵州	黑龙江	江苏	陕西	四川	浙江	合计
11001元以上	计数	63	3	1	3	21	3	5	13	112
	占比	21.7%	3.2%	1.5%	2.6%	10.6%	2.9%	4.0%	8.2%	9.7%
合计	计数	290	93	66	117	199	103	126	159	1153
	占比	100%	100%	100%	100%	100%	100%	100%	100%	100%

表69　　　　　　卡方检验

	值	df	渐进 Sig.（双侧）
Pearson 卡方	345.174	21	.000
似然比	377.993	21	.000
线性和线性组合	90.162	1	.000
有效案例中的 N	1153		

表70　　　　　　职位与被访者收入情况分布

		记者	编辑	摄像	主持人	科室主任	部门领导及台领导	其他	合计
5000元及以下	计数	226	113	20	57	13	5	4	438
	占比	44.7%	39.0%	35.7%	40.1%	16.5%	7.6%	44.4%	38.2%
5001～8000元	计数	171	117	23	42	33	17	3	406
	占比	33.8%	40.3%	41.1%	29.6%	41.8%	25.8%	33.3%	35.4%
8001～11000元	计数	77	45	8	24	19	18	1	192
	占比	15.2%	15.5%	14.3%	16.9%	24.1%	27.3%	11.1%	16.7%
11001元以上	计数	32	15	5	19	14	26	1	112
	占比	6.3%	5.2%	8.9%	13.4%	17.7%	39.4%	11.1%	9.8%
合计	计数	506	290	56	142	79	66	9	1148
	占比	100%	100%	100%	100%	100%	100%	100%	100%

表71　　　　　　卡方检验

	值	df	渐进 Sig.（双侧）
Pearson 卡方	125.940a	18	.000
似然比	110.480	18	.000
线性和线性组合	69.053	1	.000
有效案例中的 N	1148		

a. 4 单元格（14.3%）的期望计数少于 5。最小期望计数为 .88。

表72　被访者五年后是否继续在所在媒体工作的意愿分布

		频率	百分比	有效百分比	累积百分比
有效	会	476	40.7%	41.1%	41.1%
	不会	121	10.3%	10.4%	51.5%
	不清楚	562	48.0%	48.5%	100.0%
	合计	1159	99.0%	100.0%	
缺失		11	1.0%		
合计		1170	100.0%		

表73　性别与五年后是否继续在所在媒体工作的意愿

		女	男	合计
会	计数	256	214	470
	百分比	44.1%	37.9%	41.0%
不会	计数	45	75	120
	百分比	7.7%	13.3%	10.5%
不清楚	计数	280	276	556
	百分比	48.2%	48.8%	48.5%
总计	计数	581	565	1146
	百分比	100.0%	100.0%	100.0%

表74　卡方检验

	值	df	渐进 Sig.（双侧）
Pearson 卡方	11.061a	2	.004
似然比	11.144	2	.004
线性和线性组合	1.506	1	.220
有效案例中的 N	1146		

a. 0 单元格（.0%）的期望计数少于 5。最小期望计数为 59.16。

表75　　年龄与五年后是否继续在所在媒体工作的意愿

		您的年龄是							总计
		21～25岁	26～30岁	31～35岁	36～40岁	41～45岁	46～50岁	51岁及以上	
会	计数	29	88	151	90	76	25	15	474
	百分比	34.9%	30.6%	37.8%	52.6%	55.9%	64.1%	42.9%	41.2%
不会	计数	15	36	35	10	9	2	12	119
	百分比	18.1%	12.5%	8.8%	5.8%	6.6%	5.1%	34.3%	10.3%
不清楚	计数	39	164	213	71	51	12	8	558
	百分比	47.0%	56.9%	53.4%	41.5%	41.5%	37.5%	30.8%	48.5%
总计	计数	83	288	399	171	136	39	35	1151
	百分比	100.0%	100.0%	100.0%	100.0%	100.0%	100.0%	100.0%	100.0%

表76　　卡方检验

	值	自由度	渐近显著性（双向）
Pearson卡方	78.612a	12	.000
似然比（L）	72.015	12	.000
线性关联	31.930	1	.000
有效个案数	1151		

表77　　职位与五年后是否继续在所在媒体工作的意愿

		记者	编辑	摄像	主持人	科室主任	部门领导及台领导	其他	总计
会	计数	169	120	16	80	41	44	6	476
	百分比	33.1%	41.8%	29.1%	55.2%	51.3%	66.7%	66.7%	41.3%
不会	计数	63	29	9	10	2	5	0	118
	百分比	12.4%	10.1%	16.4%	6.9%	2.5%	7.6%	0%	10.2%
不清楚	计数	278	138	30	55	37	17	3	558
	百分比	54.5%	48.1%	54.5%	37.9%	46.3%	25.8%	33.3%	48.4%
总计	计数	510	287	55	146	80	66	9	1152
	百分比	100.0%	100.0%	100.0%	100.0%	100.0%	100.0%	100.0%	100.0%

表78 卡方检验

	值	自由度	渐近显著性（双向）
Pearson 卡方	57.587a	12	.000
似然比	60.196	12	.000
线性和线性组合	34.394	1	.000
有效案例中的 N	1152		

a 3 单元格（14.3%）的期望计数少于 5。最小期望计数为 .92。

表79 所在媒体级别与五年后是否继续在所在媒体工作的意愿

		国家级	省级（直辖市）	省会台	地级市台	合计
会	计数	88	177	116	95	476
	百分比	51.2%	37.1%	37.7%	47.0%	41.1%
不会	计数	9	62	37	13	121
	百分比	5.2%	13.0%	12.0%	6.4%	10.4%
不清楚	计数	75	238	155	94	562
	百分比	43.6%	49.9%	50.3%	46.5%	48.5%
合计	计数	172	477	308	202	1159
	百分比	100.0%	100.0%	100.0%	100.0%	100.0%

表80 卡方检验

	频率	df	渐进 Sig.（双侧）
Pearson卡方	21.411a	6	0.002
似然比（L）	22.392	6	0.001
线性关联	0.107	1	0.744
有效个案数	1159		

a 0单元格（0.0%）的期望计数少于 5。最小期望计数为 17.96

表81 是否会把新闻作为终身职业的意愿分布

		频率	百分比	有效百分比	累积百分比
有效	会	444	37.9%	38.3%	38.3%
	不会	201	17.2%	17.4%	55.7%
	不清楚	514	43.9%	44.3%	100.0%
	合计	1159	99.0%	100.0%	
缺失		11	1.0%		
合计		1170	100.0%		

表82　性别与是否会把新闻作为终身职业

		女	男	合计
会	计数	243	196	439
	百分比	41.8%	34.6%	38.3%
不会	计数	94	107	201
	百分比	16.2%	18.9%	17.5%
不清楚	计数	244	263	507
	百分比	42.0%	46.5%	44.2%
合计	计数	581	566	1147
	百分比	100.0%	100.0%	100.0%

表83　卡方检验

	值	df	渐进 Sig.（双侧）
Pearson 卡方	6.390a	2	0.041
似然比	6.399	2	0.041
线性和线性组合	4.746	1	0.029
有效案例中的 N	1147		

a 0 单元格（0.0%）的期望计数少于 5。最小期望计数为 99.19。

表84　年龄与是否会把新闻作为终身职业

		21～25岁	26～30岁	31～35岁	36～40岁	41～45岁	46～50岁	51岁及以上	合计
会	计数	24	76	127	91	71	27	24	440
	百分比	28.9%	26.2%	31.8%	53.2%	52.2%	71.1%	72.7%	38.2%
不会	计数	16	83	69	16	14	0	3	201
	百分比	19.3%	28.6%	17.3%	9.4%	10.3%	0.0%	9.1%	17.5%
不清楚	计数	43	131	204	64	51	12	6	510
	百分比	51.8%	45.2%	51.0%	37.4%	37.5%	28.9%	18.2%	44.3%
总计	计数	83	290	400	171	136	38	33	1151
	百分比	100.0%	100.0%	100.0%	100.0%	100.0%	100.0%	100.0%	100.0%

表85 **卡方检验**

	值	自由度	渐近显著性（双向）
Pearson 卡方	109.962a	12	.000
似然比（L）	112.850	12	.000
线性关联	48.719	1	.000
有效个案数	1151		

表86 **职位与是否会把新闻作为终身职业**

		记者	编辑	摄像	主持人	科室主任	部门领导及台领导	其他	总计
会	计数	158	109	10	77	39	43	6	442
	百分比	31.1%	38.0%	18.2%	52.7%	48.8%	65.2%	75.0%	38.4%
不会	计数	109	41	16	18	11	4	1	200
	百分比	21.4%	14.3%	29.1%	12.3%	13.8%	6.1%	12.5%	17.4%
不清楚	计数	243	137	29	51	30	19	1	510
	百分比	47.6%	47.7%	52.7%	34.9%	37.5%	28.8%	12.5%	44.3%
总计	计数	510	287	55	146	80	66	8	1152
	百分比	100.0%	100.0%	100.0%	100.0%	100.0%	100.0%	100.0%	100.0%

表87 **卡方检验**

	值	df	渐进 Sig.（双侧）
Pearson 卡方	68.778a	12	0.000
似然比	69.321	12	0.000
线性和线性组合	34.231	1	0.000
有效案例中的 N	1152		

a 3 单元格（14.3%）的期望计数少于 5。最小期望计数为 1.39。

表88 **学科背景与是否会把新闻作为终身职业**

		新闻传播学		理学、工学		艺术学	
		否	是	否	是	否	是
会	计数	211	224	399	37	401	34
	百分比	38.4%	38.2%	37.6%	47.4%	39.8%	26.4%
不会	计数	102	96	178	20	169	29
	百分比	18.5%	16.4%	16.8%	25.6%	16.8%	22.5%

续表

		新闻传播学		理学、工学		艺术学	
		否	是	否	是	否	是
不清楚	计数	237	267	483	21	438	66
	百分比	43.1%	45.5%	45.6%	26.9%	43.5%	51.2%
合计	计数	550	587	1060	78	1008	129
	百分比	100.0%	100.0%	100.0%	100.0%	100.0%	100.0%

表89　　卡方检验（理学、工学）

	值	自由度	渐近显著性（双向）
Pearson 卡方	10.790a	2	.005
似然比（L）	11.152	2	.004
线性关联	7.138	1	.008
有效个案数	1138		

a. 0个单元格（0.0%）具有的预期计数少于5。最小预期计数为13.57。

表90　　卡方检验（艺术学）

	值	自由度	渐近显著性（双向）
Pearson 卡方	9.066a	2	.011
似然比（L）	9.427	2	.009
线性关联	6.208	1	.013
有效个案数	1137		

0 个单元格（0.0%）具有的预期计数少于5。最小预期计数 22.46。

表91　　学历与是否会把新闻作为终身职业

		大专及以下	本科	硕士及以上	总计
会	计数	34	344	62	440
	百分比	48.6%	38.9%	32.1%	38.4%
不会	计数	9	140	52	201
	百分比	12.9%	15.8%	26.9%	17.5%
不清楚	计数	27	400	79	506
	百分比	38.6%	45.2%	40.9%	44.1%
总计	计数	70	884	193	1147
	百分比	100.0%	100.0%	100.0%	100.0%

表92 卡方检验

	值	df	渐进 Sig.（双侧）
Pearson 卡方	17.194a	4	0.002
似然比	15.937	4	0.003
线性和线性组合	1.394	1	0.238
有效案例中的 N	1147		

a 0 单元格（0.0%）的期望计数少于 5。最小期望计数为 12.27。

表93 媒体级别与是否会把新闻作为终身职业

		国家级	省级（直辖市）	省会台	地级市台	合计
会	计数	80	168	110	86	444
	百分比	46.5%	35.2%	35.6%	42.8%	38.3%
不会	计数	19	105	50	27	201
	百分比	11.0%	22.0%	16.2%	13.4%	17.3%
不清楚	计数	73	204	149	88	514
	百分比	42.4%	42.8%	48.2%	43.8%	44.3%
总计	计数	172	477	309	201	1159
	百分比	100.0%	100.0%	100.0%	100.0%	100.0%

表94 卡方检验

	频率	df	渐进 Sig.（双侧）
Pearson 卡方	19.264a	6	0.004
似然比（L）	19.321	6	0.004
线性关联	0.357	1	0.550
有效个案数	1159		

a 0单元格（0.0%）的期望计数少于 5。最小期望计数为 29.83。

表95 被访者主要新闻来源

	响应		个案数的百分比
	N	百分比	
新闻通讯社	389	13.0%	34.1%
新闻发布会	464	15.6%	40.7%
传统媒体	685	23.0%	60.0%
互联网	737	24.7%	64.6%
“线人”	386	13.0%	33.9%
“跑街”	160	5.4%	14.0%
其他	161	5.4%	14.1%
总计	2982	100.0%	261.4%

表96　新闻来源的可信度评价

	N	平均值（E）	标准偏差	标准误差平均值
新闻通讯社	1127	4.51	.728	.022
新闻发布会	1120	4.26	.854	.026
传统媒体	1125	3.92	.741	.022
互联网	1126	2.76	.782	.023
“线人”	1093	2.85	.897	.027
“跑街”	1076	2.87	1.061	.032

表97　是否持有记者证对不同信源的信任度差异

	是否持有记者证*	数字	平均值（E）	标准偏差	标准误差平均值
正式来源信任水平	是	801.09	4.24	.62	.02
	否	291.41	4.21	.69	.04
民间来源信任水平	是	778.29	2.77	.70	.02
	否	272.46	2.93	.60	.04

* 指国家新闻出版广电总局颁发的记者证。

表98　独立样本检验

		方差方程的 Levene 检验		均值方程的 t 检验						
		F	Sig.	t	df	Sig.（双侧）	均值差值	标准误差值	差分的95%置信区间 下限	差分的95%置信区间 上限
正式来源信任水平	已假设方差齐性	3.91	.05	.73	1090.50	.46	.03	.04	-.05	.12
	未假设方差齐性			.70	471.68	.48	.03	.05	-.06	.12
民间来源信任水平	已假设方差齐性	4.62	.03	-3.20	1048.75	.00	-.15	.05	-.24	-.06
	未假设方差齐性			-3.45	548.44	.00	-.15	.04	-.24	-.07

表99 **被访者对新闻价值的判断**

	N	极小值	极大值	均值	标准差
真实性	1161	1	5	4.96	0.259
时效性	1161	1	5	4.65	0.56
贴近性	1158	1	5	4.40	0.705
反常性	1100	1	5	3.25	1.011
趣味性	1141	1	5	3.57	0.887
轰动性	1131	1	5	3.71	1.008
独家性	1150	1	5	4.13	0.926
显著性	1142	1	5	3.88	0.919
报道对象的知名度	1141	1	5	3.23	1.08

表100 **是否持有记者证对不同新闻价值的判断差异**

	是否持有记者证	数字	平均值（E）	标准偏差	标准误差平均值
理论要素	是	838	4.68	.39	.01
	否	303	4.66	.42	.02
特质要素	是	788	3.59	.68	.02
	否	287	3.72	.66	.04

表101 **独立样本检验**

		列文方差相等性检验		平均值相等性的 t 检验						
		F	显著性	t	自由度	显著性（双尾）	平均差	标准误差差值	差值的95%置信区间	
									下限	上限
特质要素	已假设方差齐性	.12	.73	–2.93	1072.77	.00	–.14	.05	–.23	–.04
	未假设方差齐性			–2.97	521.32	.00	–.14	.05	–.23	–.05

表102　学科背景对不同新闻价值的判断差异

	新闻传播学科背景	数字	平均值（E）	标准偏差	标准误差平均值
理论要素	选择	584.75	4.69	.39	.02
	未选择	550.21	4.66	.42	.02
特质要素	选择	544.73	3.68	.64	.03
	未选择	524.20	3.56	.70	.03

表103　独立样本检验

		列文方差相等性检验		平均值相等性的 t 检验						
		F	显著性	t	自由度	显著性（双尾）	平均差	标准误差差值	差值的95%置信区间	
									下限	上限
理论要素	已假设方差齐性	6.14	.01	1.14	1132.97	.25	.03	.02	–.02	.07
	未假设方差齐性			1.14	1107.71	.25	.03	.02	–.02	.07
特质要素	已假设方差齐性	2.05	.15	3.00	1066.93	.00	.12	.04	.04	.20
	未假设方差齐性			2.99	1050.86	.00	.12	.04	.04	.20

表104　新闻工作中的影响因素

	N	极小值	极大值	均值	标准差
个人价值观	1072	1	5	3.82	1.063
职业伦理道德	1138	1	5	4.62	0.628
台领导	1076	1	5	3.49	1.012
舆论导向	1136	1	5	4.49	0.733
部门主管	1079	1	5	3.55	1.026
同事	1052	1	5	2.87	1.027
截稿时间	1112	1	5	4.00	0.96

续表

	N	极小值	极大值	均值	标准差
新闻发布会通稿的可用性	1079	1	5	3.56	1.019
工资绩效	1075	1	5	3.44	1.189
广告收入	948	1	5	2.72	1.338
报道口径	1146	1	5	4.21	0.911
权力部门	1149	1	5	3.87	1.002
政府官员	1139	1	5	3.58	1.078
广告商	1141	1	5	2.84	1.258
构成竞争的媒体	1140	1	5	3.03	1.083
其他媒体的同行	1139	1	5	2.90	1.054
新闻奖项	1140	1	5	2.97	1.077
受众反馈	1145	1	5	3.69	0.987
亲友	1137	1	5	2.05	1.108

表105　不同性别对工作影响因素的考虑程度差异

	性别	数字	平均值（E）	标准偏差	标准误差平均值
组织因素	女	509	3.24	.87	.04
	男	509	3.36	.82	.04
经济因素	女	463	3.00	1.08	.05
	男	467	3.16	1.08	.05
实践因素	女	537	4.04	.67	.03
	男	515	3.98	.66	.03
价值观因素	女	534	4.26	.70	.03
	男	522	4.18	.69	.03
竞争反馈因素	女	565	2.86	.76	.03
	男	551	2.96	.74	.03
政治因素	女	571	3.79	.85	.04
	男	552	3.99	.85	.04

表106　　独立样本检验

		列文方差相等性检验		平均值相等性的t检验						
		F	显著性	t	自由度	显著性（双尾）	平均差	标准误差差值	差值的95%置信区间 下限	差值的95%置信区间 上限
组织因素	已假设方差齐性	.36	.55	-2.20	1015.97	.03	-.12	.05	-.22	-.01
	未假设方差齐性			-2.20	1012.32	.03	-.12	.05	-.22	-.01
价值观因素	已假设方差齐性	.69	.41	2.01	1054.00	.04	.09	.04	.00	.17
	未假设方差齐性			2.01	1053.98	.04	.09	.04	.00	.17
竞争反馈因素	已假设方差齐性	.09	.76	-2.28	1113.59	.02	-.10	.04	-.19	-.01
	未假设方差齐性			-2.28	1113.58	.02	-.10	.04	-.19	-.01
政治因素	已假设方差齐性	.83	.36	-3.93	1120.56	.00	-.20	.05	-.30	-.10
	未假设方差齐性			-3.93	1119.58	.00	-.20	.05	-.30	-.10

表107　　是否持有记者证对工作影响因素的考虑程度差异

	是否持有记者证	数字	平均值（E）	标准偏差	标准误差平均值
组织因素	是	745	3.29	.84	.03
	否	272	3.35	.87	.05
经济因素	是	677	3.00	1.07	.04
	否	252	3.30	1.10	.07
实践因素	是	776	4.01	.66	.02
	否	276	3.98	.69	.04

续表

	是否持有记者证	数字	平均值（E）	标准偏差	标准误差平均值
价值观因素	是	777	4.23	.70	.02
	否	277	4.17	.70	.04
竞争反馈因素	是	817	2.87	.74	.03
	否	294	3.00	.77	.04
政治因素	是	821	3.89	.85	.03
	否	297	3.88	.89	.05

表108　　独立样本检验

		列文方差相等性检验		平均值相等性的 t 检验						
		F	显著性	t	自由度	显著性（双尾）	平均差	标准误差差值	差值的95%置信区间	
									下限	上限
组织因素	已假设方差齐性	.58	.45	–1.01	1014.79	.31	–.06	.06	–.18	.06
	未假设方差齐性			–1.00	467.51	.32	–.06	.06	–.18	.06
经济因素	已假设方差齐性	2.70	.10	–3.85	926.83	.00	–.31	.08	–.46	–.15
	未假设方差齐性			–3.80	438.80	.00	–.31	.08	–.46	–.15
实践因素	已假设方差齐性	1.86	.17	.64	1049.30	.52	.03	.05	–.06	.12
	未假设方差齐性			.63	463.55	.53	.03	.05	–.06	.12
价值观因素	已假设方差齐性	.01	.92	1.24	1052.00	.21	.06	.05	–.03	.16
	未假设方差齐性			1.24	486.21	.21	.06	.05	–.04	.16

续表

		列文方差相等性检验		平均值相等性的 t 检验						
		F	显著性	t	自由度	显著性（双尾）	平均差	标准误差差值	差值的95%置信区间	
									下限	上限
竞争反馈因素	已假设方差齐性	.24	.62	−2.48	1109.80	.01	−.13	.05	−.23	−.03
	未假设方差齐性			−2.44	502.31	.02	−.13	.05	−.23	−.02
政治因素	已假设方差齐性	1.28	.26	.17	1116.76	.87	.01	.06	−.10	.12
	未假设方差齐性			.17	504.76	.87	.01	.06	−.11	.13

表109　　影响新报道的因素的变化强度

	数字	平均值（E）	标准偏差	标准误差平均值
社交媒体中的信息，如微博、微信等	1152	4.51	.732	.022
突发事件报道的时效性	1154	4.40	.813	.024
媒体经营压力	1146	4.15	.933	.028
媒体之间的竞争	1145	4.13	.865	.026
用户生成内容，如博客、微信等	1150	4.05	.908	.027
受众反馈的影响	1148	3.87	.925	.027
媒体的社会关系	1151	3.77	.939	.028
新闻伦理道德规范	1157	3.72	1.201	.035
受众研究数据和其他调查	1146	3.70	.940	.028
广告商诉求	1146	3.62	1.002	.030
国外同行的新闻实践	1141	3.52	.925	.027
新闻传播学的专业学历	1152	3.22	1.161	.034

表110 新闻从业者自身因素的变化强度

	N	极小值	极大值	均值	标准差
新闻从业者的工作自由度	1152	1	5	3.11	1.180
新闻从业者平均工作时间	1151	1	5	4.11	0.900
新闻从业者的公信力	1156	1	5	2.78	1.131
新闻从业者的社会角色	1152	1	5	2.81	1.139
核实消息的时间	1147	1	5	3.50	1.053
掌握多媒体技能	1151	1	5	4.26	0.778
学历	1146	1	5	3.72	0.933
获得新闻学、传播学学位	1147	1	5	3.51	0.926
留学海外经历	1142	1	5	3.26	0.938
掌握外语能力	1147	1	5	3.50	0.960

表111 被访者新闻报道中的自主性

	N	极小值	极大值	均值	标准差
新闻主题的选择	1154	1	5	3.61	0.954
报道侧重点	1150	1	5	3.73	0.871
报道角度	1148	1	5	3.82	0.905

表112 被访者是否会通过私人账号发布无法报道的消息

		频率	百分比	有效百分比
有效	是	152	13.0 %	13.6%
	否	962	82.2%	86.4%
	合计	1114	95.2%	100.0%
缺失		56	4.8%	
合计		1170	100.0%	

表113　发布无法报道消息的私人账号平台

	响应		个案数的百分比
	N	百分比	
QQ或微信等平台	67	21.8%	44.2%
新音视频分享网站	12	3.9%	7.9%
微博	55	17.8%	36.1%
微信朋友圈	114	36.8%	74.5%
个人的微信公众号	22	7.3%	14.7%
博客	23	7.5%	15.2%
论坛	14	4.6%	9.4%
其他选项	1	0.2%	0.4%
总计	309	100.0%	202.4%

表114　被访者对职业道德的认知

	N	极小值	极大值	均值	标准差
不论任何情况从业者必须遵守职业道德	1156	1	5	4.83	0.484
新闻职业道德取决于具体情境	1147	1	5	2.74	1.433
新闻职业道德是个人判断的事	1145	1	5	2.14	1.289
特殊情况下把道德标准后置的做法是可以接受的	1144	1	5	2.05	1.263

表115　年龄与对职业道德的认知

年龄		不论任何情况从业者必须遵守职业道德	新闻职业道德取决于具体情境	新闻职业道德是个人判断的事	特殊情况下把道德标准后置的做法是可以接受的
21～25岁	均值	4.66	2.88	2.22	2.55
	N	84	83	83	83
	标准差	0.719	1.348	1.249	1.333
26～30岁	均值	4.84	2.98	2.36	2.09
	N	291	289	289	287
	标准差	0.445	1.458	1.378	1.284

续表

年龄		不论任何情况从业者必须遵守职业道德	新闻职业道德取决于具体情境	新闻职业道德是个人判断的事	特殊情况下把道德标准后置的做法是可以接受的
31～35岁	均值	4.8	2.68	2.06	2.05
	N	397	395	395	395
	标准差	0.51	1.42	1.235	1.216
36～40岁	均值	4.89	2.61	1.95	1.78
	N	170	168	168	168
	标准差	0.422	1.441	1.226	1.187
41～45岁	均值	4.87	2.47	2.1	1.9
	N	136	134	134	134
	标准差	0.431	1.368	1.295	1.298
46～50岁	均值	4.94	2.77	2.06	2.22
	N	37	37	36	37
	标准差	0.249	1.495	1.375	1.453
51岁及以上	均值	4.87	2.54	2.12	1.91
	N	33	33	33	32
	标准差	0.404	1.486	1.258	1.09
总计	均值	4.83	2.74	2.14	2.04
	N	1148	1139	1137	1136
	标准差	0.485	1.433	1.29	1.263

表116　　是否新闻传播学出身与对职业道德的认知

学科背景		无论任何情况必须遵守	取决于具体情景	是个人判断的事	特殊情况可以置后
非新闻传播学	均值	4.8	2.75	2.16	2.08
	N	550	547	546	547
	标准差	0.543	1.432	1.313	1.255
新闻传播学	均值	4.85	2.73	2.11	1.99
	N	584	578	577	576
	标准差	0.426	1.434	1.257	1.26

续表

学科背景		无论任何情况必须遵守	取决于具体情景	是个人判断的事	特殊情况可以置后
总计	均值	4.83	2.74	2.13	2.04
	N	1135	1125	1124	1123
	标准差	0.486	1.432	1.284	1.258

表117　　被访者对新闻从业者角色的重要性判断

	N	极小值	极大值	均值	标准差
公正、冷静的旁观者	1154	1	5	4.61	0.626
如实报道新闻	1155	1	5	4.78	0.525
解析新闻事件	1154	2	5	4.42	0.719
助力国家发展	1155	1	5	4.06	0.907
树立执政党的正面形象	1156	1	5	3.98	1.044
帮助人们理解国家大方针	1156	1	5	4.15	0.887
平衡地反映多方观点	1154	1	5	4.32	0.823
监督政府及其官员	1156	1	5	4.09	0.933
监督市场和商人	1154	1	5	3.93	0.982
设置政治议程	1149	1	5	3.37	1.151
影响社会舆论	1153	1	5	3.93	0.964
推动民主化进程	1151	1	5	3.76	1.068
提供文化娱乐	1152	1	5	3.29	1.069
提供大多数人感兴趣的信息	1156	1	5	3.69	0.970
为人们的日常生活提供实用信息	1157	1	5	3.92	0.875
鼓励人们的政治参与	1152	1	5	3.23	1.104
鼓励人们表达自己的观点	1150	1	5	3.64	1.019
提高全民的知识与文化水平	1152	1	5	3.91	0.991
告知人们国际上发生的事情	1153	1	5	3.76	0.950
提升公众宽容度，增强文化多样性	1156	1	5	3.95	0.932

表118　　持证与否在新闻从业者角色上的认知差异

	是否持有记者证	数字	平均值（E）	标准偏差	标准误差平均值
政治与监督作用	是	831	3.79	.81	.03
	否	295	3.87	.84	.05
传播与告知作用	是	833	3.77	.80	.03
	否	297	3.90	.83	.05
喉舌作用	是	838	4.07	.82	.03
	否	299	4.03	.90	.05
娱乐作用	是	837	3.58	.81	.03
	否	298	3.75	.80	.05
新闻专业主义作用	是	830	4.53	.49	.02
	否	300	4.53	.52	.03

表119　　被访者对新闻工作中某些行为的正当性评价

	N	极小值	极大值	均值	标准差
主动淡化不利于政府或其政策的新闻	1156	1	5	3.52	1.122
主动淡化不利于广告客户的新闻	1155	1	5	2.72	1.140
用金钱换取内部信息	1157	1	5	1.83	1.087
直接采用采访对象提供的通稿	1151	1	5	2.33	1.105
使用煽情的手法，如“标题党”，吸引眼球	1158	1	5	2.44	1.190
使用商业秘密或保密的政府文件	1158	1	5	1.61	0.990
假扮他人来获取信息	1157	1	5	2.01	1.177
未经同意使用私人文件，如信件、音像等	1157	1	5	1.61	0.968
隐瞒身份进入被访部门、单位或公司	1157	1	5	2.68	1.247
传播有待证实的消息	1157	1	5	1.69	0.975
接受采访对象的礼酬	1156	1	5	1.55	0.929
有意遮蔽消息来源	1155	1	5	2.16	1.194
拼接照片	1153	1	5	1.45	0.872
暗访	1154	1	5	3.49	0.985
为供职的媒体联系广告或赞助	1151	1	5	2.73	1.252
出于个人绩效考虑，放弃报道	1153	1	5	2.07	1.068
明知消息有待证实，基于压力，依然发表	1155	1	5	1.75	1.003

表120　　被访者每周上网时长

		计数	百分比	有效百分比
有效	2小时以下	24	2.0%	2.1%
	2～5小时	68	5.8%	5.8%
	5～10小时	99	8.4%	8.5%
	10～25小时	153	13.0%	13.1%
	15～20小时	183	15.6%	15.7%
	20～25小时	165	14.1%	14.2%
	25小时以上	474	40.5%	40.7%
	合计	1164	99.5%	100.0%
缺失		6	0.5%	
合计		1170	100.0%	

表121　　被访者互联网使用行为分布

	计数	百分比
获取新闻	1125	96.4%
检索信息	1020	87.5%
学习知识	839	71.9%
发表意见	314	26.9%
观看视频	782	67.1%
网络音乐	297	25.5%
网络游戏	141	12.1%
网络小说	110	9.5%
网上购物	646	55.4%
使用社交网站/社交工具	555	47.6%
其他	11	0.9%

表122　　发表意见是否为互联网使用主要用途的地区差异

		第一类地区（浙、川）	第二类地区（闽、陕、贵、黑）	第三类地区（苏）	第四类地区（京）	合计
主要用途	计数	362	293	107	90	852
	百分比	78.4%	77.1%	51.9%	75.6%	73.0%
非主要用途	计数	100	87	99	29	315
	百分比	21.6%	22.9%	48.1%	24.4%	27.0%

续表

		第一类地区（浙、川）	第二类地区（闽、陕、贵、黑）	第三类地区（苏）	第四类地区（京）	合计
合计	计数	462	380	206	119	1167
	百分比	100.0%	100.0%	100.0%	100.0%	100.0%

表123　　卡方检验

	值	df	渐进 Sig.（双侧）
Pearson 卡方	56.746a	3	.000
似然比	52.160	3	.000
线性和线性组合	16.963	1	.000
有效案例中的 N	1167		

a. 0 单元格（0.0%）的期望计数少于 5。最小期望计数为 32.12。

表124　　观看视频是否为互联网使用主要用途的年龄差异

		21～25岁	26～30岁	31～35岁	36～40岁	41～45岁	46～50岁	51岁及以上	合计
主要用途	计数	61	226	289	96	71	19	18	780
	百分比	72.6%	76.9%	71.9%	56.1%	52.2%	48.7%	51.4%	67.2%
非主要用途	计数	23	68	113	75	65	20	17	381
	百分比	27.4%	23.1%	28.1%	43.9%	47.8%	51.3%	48.6%	32.8%
合计	计数	84	294	402	171	136	39	35	1161
	百分比	100.0%	100.0%	100.0%	100.0%	100.0%	100.0%	100.0%	100.0%

表125　　卡方检验

	值	df	渐进 Sig.（双侧）
Pearson 卡方	50.948a	6	0.000
似然比	50.063	6	0.000
线性和线性组合	40.759	1	0.000
有效案例中的 N	1161		

a. 0个单元格（0.0%）的期望计数小于5。最小期望计数为11.49。

表126　网上购物是否为互联网使用主要用途的性别差异

		女	男	合计
主要用途	计数	388	252	640
	百分比	66.0%	44.5%	55.5%
非主要用途	计数	200	314	514
	百分比	34.0%	55.5%	44.5%
合计	计数	588	566	1154
	百分比	100.0%	100.0%	100.0%

表127　卡方检验

	值	df	渐进Sig.（双侧）	精确Sig.（双侧）	精确Sig.（单侧）
Pearson 卡方	53.784a	1	0.000		
连续性修正b	52.919	1	0.000		
似然比	54.198	1	0.000		
费希尔精确检验				0.000	0.000
线性和线性组合	53.738	1	0.000		
有效案例中的 N	1154				

0个单元格（0.0%）的期望计数小于5。最小期望计数为252.10。

仅针对2x2表进行计算。

表128　被访者对国外新闻网站、社交软件、翻墙软件的使用频率

		社交媒体		新闻网站		翻墙软件	
		计数	有效百分比	计数	有效百分比	计数	有效百分比
有效	不使用	758	64.8%	543	46.4%	780	66.7%
	不太使用	211	18.1%	260	22.2%	161	13.8%
	偶尔使用	102	8.7%	215	18.3%	135	11.6%
	经常使用	41	3.5%	68	5.8%	37	3.2%
	总是使用	32	2.7%	60	5.1%	23	2.0%
	合计	1144	97.7%	1145	97.9%	1138	97.3%
缺失		26		25		32	
合计		1170		1170		1170	

表129 被访者阅读频率

		频率	百分比	有效百分比
有效	每周2～3本	65	5.50%	5.60%
	每月4～5本	124	10.60%	10.70%
	每月1本	374	32.00%	32.30%
	每年5～6本	289	24.70%	24.90%
	每年1～2本	209	17.90%	18.10%
	没有时间看书	98	8.40%	8.50%
	合计	1159	99.10%	100.00%
缺失		11	0.9%	
合计		1170	100.0%	

表130 被访者健身频率

		频率	百分比	有效百分比
有效	从不参加	218	18.6%	19.3%
	每周1次及以下	472	40.4%	41.8%
	每周2～3次	301	25.7%	26.7%
	每周4～6次	107	9.1%	9.4%
	每周7次及以上	31	2.7%	2.8%
	合计	1129	96.5%	100.0%
缺失		41	3.5%	
合计		1170	100.0%	

表131 被访者外出聚餐频率

		频率	百分比	有效百分比
有效	从不参加	48	4.1%	4.2%
	每周1次及以下	592	50.6%	51.6%
	每周2～3次	413	35.3%	35.9%
	每周4～6次	74	6.3%	6.4%
	每周7次及以上	21	1.8%	1.9%
	合计	1148	98.1%	100.0%
缺失		22	1.9%	
合计		1170	100.0%	

表132　　被访者观看演出频率

	话剧、音乐剧、芭蕾舞		音乐会、歌剧		其他演出	
	频率	有效百分比	频率	有效百分比	频率	有效百分比
从不参加	458	40.3%	464	41.1%	247	21.5%
每年1次	310	27.3%	369	32.7%	374	32.6%
每年2～4次	250	22.0%	217	19.2%	343	29.9%
平均两月一次	79	7.0%	59	5.2%	128	11.2%
平均每月一次	39	3.4%	21	1.8%	54	4.7%
合计	1135	100.0%	1130	100.0%	1146	100.0%

表133　　地区与观看演出频率

		第一类地区（浙、川）	第二类地区（闽、陕、贵、黑）	第三类地区（苏）	第四类地区（京）	合计
从不参加	计数	171	166	87	34	458
	百分比	38.5%	44.4%	43.9%	28.3%	40.3%
每年1次	计数	121	98	56	36	311
	百分比	27.3%	26.2%	28.3%	30.0%	27.4%
每年2～4次	计数	93	78	41	38	250
	百分比	20.9%	20.9%	20.7%	31.7%	22.0%
平均两月一次	计数	39	19	10	11	79
	百分比	8.8%	5.1%	5.1%	9.2%	7.0%
平均每月一次	计数	20	13	4	1	38
	百分比	4.5%	3.5%	2.0%	0.8%	3.3%
合计	计数	444	374	198	120	1136
	百分比	100.0%	100.0%	100.0%	100.0%	100.0%

表134　　卡方检验

	值	df	渐进 Sig.（双侧）
Pearson 卡方	24.064a	12	0.020
似然比	24.937	12	0.015
线性和线性组合	0.182	1	0.670
有效案例中的 N	1136		

a 1 单元格（5.0%）的期望计数少于 5。最小期望计数为 4.01。

表135　　被访者看电影频率

		频率	百分比	有效百分比
有效	每周1～2次	69	5.9%	5.9%
	每月3～4次	118	10.1%	10.1%
	每月1～2次	441	37.7%	38.0%
	每年5～6次	312	26.6%	26.9%
	每年1～2次	192	16.4%	16.5%
	从不去看电影	29	2.5%	2.5%
	合计	1161	99.2%	100.0%
缺失		9	0.8%	0.0%
合计		1170	100.0%	

后 记

POSTSCRIPT

终于到了写后记的时候，轻松的心情中夹杂着隐隐失落。从整个课题组开始筹备这次全国广播电视新闻从业者调查，到调查结果成书出版，历经一年多的时间。这段时间走来，要说的话很多，短短的后记难以尽述。

社会调查从来都不是一人之力可以完成的。被访对象的配合程度、访员的专业性、组织者的计划与推进以及问卷的合理性、抽样的科学性、分析的严谨性，甚至是经费条件，每个人、每一环节都决定着最终调研结果的呈现。

因此在这里，我要特别感谢团队的通力合作。感谢项目负责人刘昶教授对本次调研内容的规划与指导，并给予了调研最大程度的支持；感谢项目组秘书陈文沁，为项目的组织、实施、沟通、协调做了大量工作；感谢缑赫、董光宇，从项目起步到成果出版，贯穿始终的付出与努力；感谢在问卷录入过程中给予帮助的付若兰、何瑶、张富鼎、何筱强、陈勇熙、王佳飞、廖文婷；感谢在数据分析、报告撰写与图表制作中做出贡献的王雷生、何树晓、周古月、杨艺、王晓蕾。

同时感谢中央电视台、中央人民广播电台、中国国际广播电台、北京广播电视台、福建广播影视集团、福州广播电视台、泉州广播电视台、贵州广播电视台、遵义广播电视台、黑龙江广播电视台、哈尔滨广播电视台、江苏广电集团、南京广电集团、无锡广电集团、陕西广播电视台、西安广播电视台、咸阳广播电视台、四川广播电视台、成都广播电视台、绵阳广播电视台、浙江广电集团和湖州广播电视台等22家新闻单位参与本次调研。

在我国，从事社会调查难度之大来源于多个方面，政策性支持的缺乏、资金的短缺、极高的拒访率等，但我们仍在有限的条件下，尽我们所能地去科学抽样、严谨分析，力图更加接近这个社会的真相。此次调研得以顺利完成，我们是如此的幸运，再次感谢在这个过程中帮助过我们的每一个人。

丁 迈

2016年6月23日